Inhalt

Einleitung

Beobachtung und Dokumentation gehören seit mehr als zwei Jahrzehnten zu den Standardaufgaben im pädagogischen Alltag der Kinderbetreuung – von der Krippe bis zum Hort bzw. der Ganztagsschule sowie in der Tagespflege. Beobachtungsverfahren für Kinder im Grundschulalter haben jedoch noch eher Seltenheitswert.
Wenn hier ausschließlich von der Beobachtung in der Kindertagesbetreuung die Rede ist, liegt dies darin begründet, dass Beobachtungsverfahren für Kinder im Grundschulalter noch bislang kaum Aufmerksamkeit geschenkt wurde. Der EKP 6–12 hat erstmals das Ziel, Fachkräften in Hort, Schulkindbetreuung und in der Ganztagsschule ein Beobachtungsverfahren an die Hand zu geben, das gleichermaßen handhabbar wie aussagekräftig ist.

Kinder und Jugendliche in Deutschland arbeiten heute im Schnitt mehr als 38,5 Stunden pro Woche in oder für die Schule – und damit ähnlich viel wie Erwachsene in Vollzeitjobs. Entsprechend weniger Zeit bleibt ihnen nach ihren eigenen Angaben für alle anderen Aktivitäten – Zeit mit der Familie, Spielen mit Freunden, für „Chillen", „Zocken" oder Hobbys. Mit zunehmendem Alter steigt die Beanspruchung durch die Schule bis zur 45-Stunden-Woche in den Klassen 9 bis 13. Dies sind Ergebnisse einer Umfrage, zu der das Deutsche Kinderhilfswerk und UNICEF Deutschland 2023 im Vorfeld des Weltkindertages unter dem Motto „Kinder brauchen Zeit!" aufgerufen hatten. Rund 2.000 Mädchen und Jungen beteiligten sich daran. Sie füllten online ihren Wochenplan aus und gaben damit Einblick in ihren Alltag.

Die Zeit, die Kinder in der Schule, im Hort etc. verbringen, ist deutlich höher als noch vor 20 Jahren. Durch eine sorgfältige Beobachtung und Dokumentation lernen Pädagog:innen die Kinder im Grundschulalter besser zu verstehen und ganzheitlich wahrzunehmen. Sie erhalten Einblick in die Entwicklung und das Lernen des Kindes, verschaffen sich Wissen über seine Fähigkeiten und Interessen sowie den Verlauf des Bildungsprozesses.

Gerade Übergangssituationen, wenn ein Kind zum Beispiel vom Kindergarten in die Grundschule wechselt, erfordern immer die besondere Aufmerksamkeit aller Beteiligten. Aus diesem Grund sehen Fachleute auch sinnvolle Einsatzmöglichkeiten von Beobachtung und Dokumentation in der Schulkindbetreuung. Es geht um die professionelle Beobachtung der Kinder und die Dokumentation ihrer Entwicklungsschritte. Fachkräfte können nur dann eine kindzentrierte Perspektive einnehmen, wenn sie die Schüler:innen ganz individuell mit ihren Bedürfnissen, Themen und Interessen wahrnehmen.

Im frühkindlichen Bereich haben Fachkräfte, Einrichtungen und Träger die Möglichkeit, zwischen verschiedenen Konzepten und Verfahren von Beobachtung und Dokumentation zu wählen. Die Entscheidung für das eine oder andere Konzept kann sich vor allem auf folgende Auswahlkriterien stützen:

- Aussagekraft des Verfahrens hinsichtlich der Erfassung von Entwicklung, Persönlichkeit und Kompetenzprofil der Kinder
- Handhabbarkeit und Alltagstauglichkeit des Verfahrens
- Vermeidung von unnötigem Zeitbedarf in einem von vielen anderen Aufgaben beanspruchten Berufsalltag

Diese drei Kriterien standen bei der Entwicklung und Erprobung des **Entwicklungs- und Kompetenzprofils (EKP)** im Vordergrund. Das EKP hat bei zahlreichen Kindern in Kindertageseinrichtungen von Bayern bis Schleswig-Holstein Anwendung gefunden und konnte auf dieser Grundlage weiterentwickelt werden. Das vorliegende Manual präsentiert das EKP in einer ausgefeilten Fassung für Kinder von 6 bis 12 Jahren, die mit zahlreichen Praxisbeispielen und kurzen Erläuterungen zur Nutzung einlädt. Das tabellarische Herzstück des EKP wird begleitet von praxisnahen Informationen über

- Aufgaben,
- Themen,
- Verfahren und
- Qualitätssicherung

sowohl von Beobachtung als auch von Dokumentation.

Dabei werden auch Veränderungen und Alternativen der Beobachtungs- und Dokumentationspraxis während der letzten drei Jahrzehnte zugrunde gelegt. So erweist sich das EKP als ein aktuelles, umfassendes Konzept der Bildungsdokumentation, das einen hohen fachlichen Anspruch mit zeitsparender Praktikabilität verbindet. Es kann von den pädagogischen Akteur:innen[1] in der Ganztagessbetreuung, im Hort und in der Schulkindbetreuung flexibel und den Schwerpunkten der Bildungspläne und der Einrichtungskonzeption entsprechend eingesetzt werden.

---

1 Im Folgenden wird häufig von „pädagogischen Akteur:innen" im Ganztag die Rede sein. Dies hat den Grund, dass in Ganztag/Hort/Schulkindbetreuung häufig multiprofessionelle Teams agieren und auch Lehrer:innen sich angesprochen fühlen dürfen.

1 Grundlagen und Hinweise zur Durchführung

1.1 Warum beobachten wir Kinder in der Grundschule und in Betreuungseinrichtungen?

Im pädagogischen Alltag hören wir immer wieder die Aussage: „Wir haben leider kaum Zeit, oft gar keine Zeit zur Beobachtung." Und in der Tat: Die Arbeit der pädagogischen Akteur:innen im Grundschulbereich ist von einer kontinuierlich wachsenden Aufgabenfülle geprägt. Dennoch kann konstatiert werden: Pädagogische Fachkräfte stellen sich den vielfältigen Anforderungen; sie sind engagiert und motiviert. Doch dazu brauchen sie Entlastung. Sie brauchen ein alltagstaugliches Konzept für Beobachtung und Dokumentation, das anspruchsvoll, zeitgemäß und zugleich möglichst zeitsparend ist.

Maria Montessori war zu Beginn des 20. Jahrhunderts eine der ersten Pädagog:innen, die dem Beobachten der Kinder eine grundlegende Bedeutung für die pädagogische Arbeit beimaß. In der pädagogischen Praxis ein Jahrhundert später geht es uns in einem umfassenden Sinne um die Vielfalt der Aspekte, in denen Kinder mit ihrer sozialen, natürlichen und dinglichen Umwelt umgehen und sich selbst als Persönlichkeit wahrnehmen. Je mehr wir von den Kindern wissen, desto erfolgreicher können wir sie begleiten auf dem Weg, sich mit ihren Stärken, Schwächen und Besonderheiten zu entdecken, als Weltentdecker:innen und Welterforscher:innen aktiv zu sein, mit anderen Kindern (oder auch Erwachsenen) gemeinsame Aktivitäten zu entwickeln oder auch allein, ganz darin versunken, eine Sache zu verfolgen sowie sich auch auf Merkwürdiges, Ungewöhnliches einzulassen und Schönes zu genießen.

Wir beobachten Kinder auch, um Anhaltspunkte dafür zu gewinnen, was wir den Eltern über ihre Kinder berichten, anvertrauen, empfehlen, an Bestärkendem „herüberbringen" können und sollten, inwieweit wir unser pädagogisches Handeln anreichern, neu akzentuieren oder sogar neu ausrichten können – dem einzelnen Kind, einer kleineren Gruppe von Kindern oder der ganzen Gruppe gegenüber –, ob wir gegebenenfalls eine externe Expertise einbeziehen sollten, um Besonderheiten einzelner Kinder besser zu verstehen oder um die Entwicklung einzelner Kinder durch Hinzuziehung therapeutischer Fachkräfte zu stabilisieren.

Mit dem Beobachten gewinnen wir auch eine Fülle von Eindrücken, die uns das Gesamtspektrum des Handelns, Empfindens, Denkens, der Wünsche der Kinder vor Augen führen. Wir werden durch Beobachtung zu Expert:innen von Kindern und Kindheit heute. Anders als Eltern, die kindliches Handeln in der konzentrierten Perspektive auf ihr eigenes Kind wahrnehmen, gewinnen wir so überindividuelle Fachkompetenz zum Thema Kindsein.

1.2 Beobachtungsaufgaben sind nicht statisch, sie verändern sich mit den pädagogischen Zielsetzungen

Das breite Aufgabenspektrum von Beobachtung entfernt sich deutlich von der Engführung, mit der Beobachtung in den 1970er und 1980er Jahren betrieben wurde. Damals wurde mit den Arbeiten von Kuno Beller und anderen Pädagog:innen Beobachtung in die pädagogische Praxis der Kindertageseinrichtungen eingeführt, um Förderbedarfe von Kindern zu ermitteln.

In den 1990er Jahren erweiterte sich die Nutzung der Beobachtungsinstrumente: Nicht mehr nur Kinder mit Förderbedarfen oder – wie wir heute sagen – mit besonderen Rechten wurden als Adressat:innen von Beobachtung gesehen. Die belgischen Autor:innen der „Leuvener Engagiertheitsskala" und die Neuseeländerin Margret Carr, die Entwicklerin der „Bildungs- und Lerngeschichten", leiteten eine neue, bis heute lebendige Phase pädagogischer Beobachtung und Dokumentation ein. Sie wollten Beobachtung so systematisieren, dass die individuellen Entwicklungs- und Lernpotenziale aller Kinder differenzierter transparent werden. Die Engagiertheit des Kindes beim Umgang mit Neuem und die dabei sichtbar werdenden Bildungspotenziale sollten durch neu definierte Beobachtungskonzepte und -instrumente erfasst werden.
Einen Schritt weiter gingen in den Nullerjahren Hans-Joachim Laewen und Beate Andres mit dem Beobachtungsansatz des „Infans-Konzepts" für Kita und Krippe. Sie strebten eine regelmäßige Beobachtung von Kindern an, mit der entwickelnde Persönlichkeitsmerkmale, nämlich die Ausprägung „multipler Intelligenzen" nach Howard Gardner, erkennbar gemacht werden sollten.
Im zweiten Jahrzehnt des 21. Jahrhunderts führte Gerd E. Schäfer diese Entwicklungslinie mit seinem Konzept der „Wahrnehmenden Beobachtung" weiter. Dieses Verfahren soll dazu dienen, „Kinder und ihre Lernprozesse tagtäglich wahrzunehmen und die pädagogische Arbeit an den individuellen Möglichkeiten und Ressourcen der Kinder auszurichten" (www.wahrnehmendes-beobachten.de).

1.3 Was sollten wir beobachten?

Das ist sicherlich die Kernfrage der Beobachtung. Die Antwort kann im Wesentlichen nur vom jeweiligen historischen Standort aus gegeben werden: In den 1970er und 1980er Jahren hatte die Beobachtung eine eindeutig favorisierte Funktion: die Feststellung von Behinderungen oder Verzögerungen der Entwicklung eines Kindes oder auch die Suche nach Anhaltspunkten für eine drohende Behinderung oder Beeinträchtigung.
Am Ende des 20. Jahrhunderts erweiterte sich das Spektrum der Beobachtungsziele und „-objekte" enorm: Beobachtet wurde, wie ausdauernd ein Kind eine Spielhandlung vollzieht, wie sehr es sich auf Teilhandlungen konzentrieren kann und sich nicht stören lässt oder auch seine Misserfolge beim Verfolgen seiner Handlungsziele verarbeitet. Beobachtet werden kann, in welchem Maße ein Kind mit anderen (Kindern wie Erwachsenen) seine Erfolge oder auch Misserfolge teilt, Hilfe sucht und nutzt oder mit anderen Pläne entwickelt. Sowohl die Leuvener Engagiertheitsskale (vgl. Laevers u.a. 1999) als auch Magret Carrs Bildungs- und Lerngeschichten bieten vielfältigste Ansatzpunkte für solche und viele weitere Beobachtungsziele (vgl. Carr 1998).
Nach dem Infans-Konzept können auch die ästhetische, die sozial-emotionale und die handlungspraktische Erfindungsgabe in Beobachtungen erfasst werden. Auch dafür wurden Bögen mit präzisierten Kriterien erarbeitet, an denen sich die Beobachter:innen orientieren können (vgl. Andres 2002).
In Schäfers „Wahrnehmender Beobachtung" fallen solche Vorgaben weg (vgl. Schäfer 2004; Schäfer & Alemzadeh 2012). Die Beobachter:innen lassen sich auf das einzelne, unverwechselbare Kind in einer spezifischen Situation ein und das, was akustisch, visuell oder sensomotorisch wahrnehmbar ist, auf sich wirken. Sie suchen dann nach den geeigneten Formulierungen, um die Beobachtung zu beschreiben, zu umschreiben oder verbal zu spiegeln. Als Hilfen wurden Reflexionsfragen entwickelt.
In den letzten Jahren zeigen die Konzepte zur Beobachtung und Dokumentation von Petermann, Petermann und Koglin (2017) sowie Schlaaf-Kirschner und Fege-Scholz (2017), wie unterschiedlich die Profile der Kriterien-Auswahl aussehen können: Petermann und Kolleg:innen orientieren sich an

einer eher traditionellen, fachbetonten Kriterien-Auswahl, wenn sie etwa mit den Kategorien Sprachentwicklung, kognitive und soziale Entwicklung arbeiten. Schlaaf-Kirchner und Fege-Scholz haben sich dagegen eher auf lebensweltorientierte Kriterien eingelassen, die auch Bezug zur Sprache der pädagogischen Fachkräfte aufnehmen. Die „Wahrnehmende Beobachtung“ Schäfers entgeht diesem Dilemma. Denn sie enthält keine Beobachtungsvorgaben, bestenfalls Fragestellungen, mit denen die Beobachter:innen ihren Blick schärfen können. Das Moment des Subjektiven wird aus dem Bereich des mit Mängeln Behafteten herausgeholt und zu einem notwendigen, positiven Bestandteil der Beobachtung erklärt.
Aber nicht nur der historische Wandel spielt bei der Qualitätseinschätzung der Items auf Beobachtungsbögen eine Rolle, sondern auch die letztlich immer subjektiv bleibende Kriterien-Auswahl. Jeder Bogen stellt ein Raster dar, das, mit bestem Wissen und Gewissen der Autor:innen entworfen, aber immer auch Lücken oder Überbetonungen enthält.

1.4 Wie können wir Beobachtung dokumentieren?

Beobachtung hat nur einen Wert, wenn die Ergebnisse festgehalten und dann genutzt werden können. Tun wir das nicht, verunklären oder verlieren sich unsere Erinnerungen schneller als wir es uns zugestehen. Oder sie werden von neuen Eindrücken überlagert. Daher ist es unerlässlich, Beobachtungen zu notieren, zu dokumentieren. Beobachtung und Dokumentation sind die beiden Seiten einer Medaille.
Und wenn wir Beobachtungen dokumentieren, haben wir auch eine Grundlage, das Beobachtete zu interpretieren – allein, mit Kolleg:innen oder Eltern. Das ist der Dreischritt, der Beobachtung erst sinnvoll macht und zusammengenommen **Bildungsdokumentation** ausmacht: Wahrnehmende Beobachtung – Dokumentation – Interpretation.
Dabei ist Beobachtung immer ganzheitlich, weil sie verschiedene Blickwinkel einbezieht und sich aus dem Wahrnehmen von Personen (Kindern) in ihrem Umfeld entwickelt. Dahinter steht die Grundüberzeugung, dass Bildung in der Ganztagsbetreuung und in der Schule immer auch Bildungs- und Beziehungsarbeit und die Pflege von Bindung zwischen Erwachsenem und Kind ist.

Seit dem letzten Jahrhundert gibt es im Wesentlichen zwei methodische Pfade, um mit pädagogischem Interesse Kinder zu beobachten und das Beobachtete zu dokumentieren:

- Eintragung (Ankreuzen) in mehrspaltigen Tabellen („Beobachtungsbögen“)
- Informelles Notieren der Beobachtungen und das Sammeln der Notizen in Tagebüchern, Ordnern, Hängemappen

Beobachtungsbögen sind sinnvoll, wenn es darauf ankommt, die Ausprägung von bestimmten Kriterien der Persönlichkeit und der individuellen Entwicklung differenziert zu erfassen. Die Ausprägungsgrade können in unterschiedlicher Untergliederung zum Ausdruck gebracht werden. Eine nur zweiteilige Skala sagt aus: Ein Merkmal ist feststellbar oder eben nicht. Eine dreiteilige Skala besagt: Es gibt neben der Feststellung eines eindeutig vorhandenen oder eindeutig fehlenden Merkmals auch einen weniger deutlichen mittleren Bereich mit einer schwachen oder noch unsicheren Merkmalsausprägung. Praktiziert werden auch vier- und fünfteilige Skalen. Bei der vierteiligen Skala geht es darum, markante Aussagen zu machen, ob eine Eigenschaft ganz besonders oder „nur so gerade“ erkennbar ausgeprägt ist oder eben nicht. Das bedeutet auch, dass die fehlende Ausprägung einer Eigenschaft entweder als besonders gravierend oder eben als weniger „schlimm“ markiert werden

kann. Damit entsteht das Problem der Stigmatisierung. Eine fünfteilige Skala schafft wieder eine Mittelzone. Die Frage bleibt dabei: Bedeutet diese Mittelzone, dass die Entwicklung des Kindes im „normalen Bereich", im „statistischen Durchschnitt" oder im „grünen Bereich" liegt, was bedeuten kann: Es ist alles (noch) in Ordnung.
Erkennbar wird, dass Beobachtungsbögen mit **Skalen zum Ankreuzen** erhebliche Interpretationsspielräume aufweisen. Dennoch ist ihre Nutzung gerade im Gespräch mit Eltern von Vorteil, denn die meisten Eltern wünschen sich möglichst eindeutige Aussagen über die Entwicklung ihres Kindes. Diesem Wunsch kann vor allem durch das Heranziehen aktueller und (zugleich) älterer Bögen entgegengekommen werden, weil hierdurch Entwicklungslinien sichtbar gemacht werden können.

Ein Beispiel: Lea kann sich gut auf ihr Arbeitsblatt konzentrieren, da hat sie im EKP – Methodenkompetenz – die höchste Punktzahl, eine 5 erreicht. Das war im ersten Grundschuljahr noch nicht ganz so ausgeprägt; da lag sie bei 3 Punkten. Das Umsetzen von Aufgaben liegt ihr nicht so. Sie schaut aus dem Fenster, spielt mit dem Stift und träumt. Da haben wir sie wieder bei 2 Punkten eingeordnet.
Wenn das Eltern vermittelt wird, gewinnen sie den berechtigten Eindruck, dass die Lehrer:innen und pädagogischen Fachkräfte in der Schule und in der Ganztagsbetreuung sehr genau beobachten und sich differenzierte Gedanken über die Entwicklung ihres Kindes machen. Eltern erhalten so einen präziseren Blick auf das Kompetenzprofil ihres Kindes und seine Entwicklung. Das ist eine wichtige Grundlage für das Vertrauen der Eltern in die Bildungsarbeit der Schule und der Betreuungseinrichtungen und zugleich eine gute Basis für eine wechselseitige interessante und offene Erziehungspartnerschaft.

Das frei formulierte Notieren von Beobachtungen folgt einer ganz anderen Intention als das Ausfüllen vorab erstellter und in der Regel standardisierter, also für alle Kinder gleicher Bögen. Dahinter steht die Zielsetzung, differenziert, personen- und situationsbezogen Formulierungen zu finden, die das, was das Kind ausmacht und auszeichnet, auf den Punkt zu bringen. Denn: Nächste Woche könnte vielleicht ein ganz anderer Aspekt in den Vordergrund treten und für das Kind charakteristisch sein. Aber heute zeigt es eine bestimmte Facette seiner Unverwechselbarkeit besonders deutlich. Nicht Standardisierung, Vergleichbarkeit und Wiederholbarkeit der gemachten Feststellungen stehen bei diesem Verfahren im Vordergrund, sondern die Authentizität der Beobachtung und die Individualität des Kindes. Diese Unterscheidung lässt schon deutlich werden, dass es weniger um das Ausmachen von Schwachstellen, um das Identifizieren von Förderbedarfen geht als um das Herausarbeiten situativ sichtbar werdender Stärken und Ressourcen eines Kindes. Der jeweilige Blickwickel der Lehrer:innen und pädagogischen Fachkräfte und damit auch ihre pädagogischen Grundannahmen fließen dabei in die Ergebnisse der dokumentierten Beobachtung ein.
Zu den pädagogischen Grundannahmen sollte immer auch die Überzeugung gehören, alle Chancen zu nutzen, um das Recht der Kinder auf **Partizipation** zu ermöglichen. Wenn wir diese Haltung einnehmen, folgen wir der UN-Kinderrechtskonvention von 1989, die auch von der Bundesrepublik Deutschland ratifiziert wurde. Dort heißt es in Artikel 12: „Kinder haben das Recht, an allen sie betreffenden Entscheidungen entsprechend ihrem Entwicklungsstand beteiligt zu werden. Es ist zugleich ein Recht, sich nicht zu beteiligen. Dieser Freiwilligkeit seitens der Kinder, ihr Recht auszuüben, steht die Verpflichtung der Erwachsenen gegenüber, Kinder zu beteiligen, ihr Interesse für Beteiligung zu wecken."

Voraussetzung ist, dass die Kinder nach und nach lernen, ihre Bedürfnisse selbst deutlich zu machen. Das Artikulieren von Wünschen und das Einfordern von Rechten ist ein Teil der Partizipation. Diese Kompetenzen machen die Kinder selbstbewusst und selbstreflexiv. Und es gibt der Lehrkraft/pädagogischen Fachkraft Zeit und Handlungsspielräume, selbst Akzente im Bildungs-Alltag zu setzen und nicht nur in der Vorbereitung der Aktionen mit den Kindern „aufzugehen".
Unabhängig von den grundlegenden pädagogischen Überzeugungen, ohne die kein Verfahren sinnvoll genutzt werden kann, spielt die Qualität der **Verfahrensumsetzung** auch für die Qualität der verschiedenen Methoden eine große Rolle. Die Markierung in der Skala eines Beobachtungsbogens hat dann eine hohe Aussagekraft, wenn bei der Beobachtung das jeweilige Beobachtungskriterium präzise in den Blick genommen wird und nicht mit anderen, auch benachbarten Kriterien verschwimmt. Und die Wahl einer Skalenzuordnung kann nur dann gerechtfertigt sein, wenn die Beobachter:innen mit Sorgfalt ihr ganzes **professionelles Wissen und eine ethische Verantwortungshaltung** einbringen. Das kann zum Beispiel bedeuten, dass sie ihre Eindrücke selbstkritisch mit denen vergleichen, die sie bei anderen Kindern gewonnen und für eine bestimmte Skalenzuordnung genutzt haben.

2 Das individuelle Entwicklungs- und Kompetenzprofil (EKP)

Das individuelle Entwicklungs- und Kompetenzprofil (EKP) ist ein (Teil-)Instrument zur Erfassung der Entwicklung von Kompetenzen und wichtigen Persönlichkeitsmerkmalen eines Kindes. Es wurde in den Jahren 2003 bis 2005 mit und in den städtischen Kindertageseinrichtungen von Gütersloh und Mülheim an der Ruhr entwickelt und erprobt. Seitdem wurde es mehrfach, aber nicht grundlegend überarbeitet, zuletzt im Jahr 2020.
Im EKP wird die individuelle Entwicklung von Kompetenzen erfasst, begrifflich dokumentiert, gewichtet und gewürdigt. Das EKP veranlasst den/die Beobachter:in, vorrangig Kompetenzen und vollzogene Entwicklungsschritte des Kindes, aber auch unterstützungsbedürftige Bereiche zu erfassen und genauer zu betrachten.
Es basiert auf der Interpretation der in mehreren Monaten gesammelten Entwicklungsdokumente. Dies können Kurzzeitbeobachtungen, notierte Spontanbeobachtungen etc. sein. Das EKP bildet somit die reflektierte Zusammenfassung verschiedener Gattungen von festgehaltenen Beobachtungen. Damit kommt dem EKP der Stellenwert einer differenzierten, entwicklungsbezogenen Persönlichkeitseinschätzung zu. Mit seiner Hilfe können präzise Einschätzungen getroffen werden zur

- Information und Beratung der Eltern,
- Akzentuierung der pädagogischen Arbeit und
- Initiierung notwendiger Fördermaßnahmen.

Den Eltern wird ein differenziertes, anspruchsvolles Bild ihres Kindes vermittelt. Ihnen wird verdeutlicht, mit welcher Sorgfalt und Achtsamkeit die Lehrkräfte und Fachkräfte ihrem Kind begegnen. Die sich oft reproduzierende Verengung des Blicks von Eltern auf vermeintliche Zwänge der Schulanpassung wird bewusst nicht verstärkt. Eltern werden eingeladen, mit positiven Gefühlen die Entwicklungsfortschritte und Stärken ihres Kindes wahrzunehmen, aber auch – ohne Schamgefühle – seine Unterstützungsbedarfe ernst zu nehmen.

Lehrkräfte und pädagogische Fachkräfte werden durch das EKP mit einem breiten Spektrum an Kompetenzen und Entwicklungsfortschritten von Kindern vertraut gemacht. Ihr Blick auf Kinder und ihre Entwicklung wird geweitet. Immer wieder berichten Fachkräfte, dass sie durch das EKP auf Persönlichkeits- und Kompetenzaspekte aufmerksam gemacht worden sind, die vor der EKP-Nutzung nicht in Ihrem Wahrnehmungs- und Aktionsradius lagen. Das kann dann auch Ausgangspunkt für Differenzierungen, Akzentverschiebungen oder sogar Veränderungen der pädagogischen Arbeit sein.
Das EKP macht durch seine fünfteilige Skala auch auf Entwicklungsbereiche aufmerksam, in denen die Reichweite pädagogischer Intervention überschritten wird. Das sind Bereiche, bei denen eine gezielte therapeutische oder medizinische Diagnostik, Unterstützung bzw. Förderung empfohlen wird. Dies soll deutlich machen, dass mit pädagogischen Maßnahmen nicht alle Aspekte kindlicher Entwicklung angemessen begleitet und gefördert werden können und dass es bei manchen festgestellten Entwicklungsverläufen sinnvoll ist, außerpädagogische Expertise heranzuziehen. Das Besondere des EKP besteht darin, dass auch diese Bereiche in ein Beobachtungs- und Dokumentationsinstrument aufgenommen werden, ohne dass sogleich auf einen speziellen therapeutisch orientierten Bogen zurückgegriffen werden muss. Dies geschieht gewissermaßen niederschwellig, das heißt, es werden erste Anhaltspunkte für besondere Unterstützungsbedarfe festgehalten. Spezielle diagnostische und anschließende therapeutische Maßnahmen können darauf aufbauen.

Das EKP rückt mit seiner **inhaltlichen Struktur** von älteren Beobachtungsbögen ab: Es überschreitet mit der Ausrichtung seiner Kriterien (Items) eine vorrangig biologisch-entwicklungspsychologische Ausrichtung. Eine solche Ausrichtung wird in den **ersten Teil des Bogens** integriert. Hier sind die zentralen Aktionen und Organe des Menschen in der Auseinandersetzung mit der Welt zusammengefasst: **Bewegung und die Sinne** Sehen, Hören, Fühlen, Schmecken, Riechen, der Stellungssinn und die Orientierung im Raum.

Im **zweiten Teil** des EKP geht es um die Entwicklung und Ausprägung von **Kompetenzen,** die in älteren Beobachtungsbögen noch keine systematische Rolle spielten. Der Kompetenzbegriff erlebt seit dem ausgehenden 20. Jahrhundert in Pädagogik, Soziologie und Psychologie einen außerordentlichen Bedeutungszuwachs. So ist er etwa auch in der von der OECD initiierten PISA-Studie ein wesentliches Strukturelement, das Wissen, Fähigkeiten und Fertigkeiten unabhängig vom Kanon der Schulfächer definiert und begründet (vgl. Deutsche Gesellschaft für Lesen und Schreiben 2001).

Kompetenzen sind die handlungspraktischen Verknüpfungen zwischen Individuum und der vom Menschen geprägten, zumindest von ihm beeinflussten Welt. Sie statten den Einzelnen nicht nur für seine Persönlichkeitsentfaltung aus, sondern vermitteln ihm auch Voraussetzungen, um diese Welt zu bewahren und weiterzuentwickeln. Und dies nicht wertfrei, sondern mit der Intention, dass Menschen, auch Heranwachsende, die Prozesse des Schützens und Stärkens nach den **humanistischen Werten** der Aufklärung betreiben, auf die sich unsere Gesellschaft beruft. Demokratie, Klimawandel, Artenschutz, Digitalität und Künstliche Intelligenz sind zum Beispiel wichtige Felder, die sinnvoll nur mit einer Vielfalt von Kompetenzen des Individuums wie auch der Gesellschaft beherrschbar sind. Diese Kompetenzen sind nicht lebensaltersgebunden, sondern entwickeln sich in vielen kleinen Schritten schon in den ersten Lebensjahren (vgl. insgesamt Landwehr 1996).

Lebenslang sind folgende Kompetenzbereiche für die Reflexions-, Handlungs- und Gestaltungsfähigkeit des Menschen unverzichtbar:

- Sozialkompetenz und Wertorientierung
- Selbstkompetenz
- Methodenkompetenz
- Sachkompetenz:
    - Kommunikationskompetenz
    - Mathematische Kompetenz, Kenntnisse zur Lebenswelt und Weltwissen, Musisch-ästhetische Kompetenz

Natürlich lassen sich auch andere Kompetenzdefinitionen heranziehen (vgl. z.B. Murphy-Witt & Stamer-Brand 2004); sie müssen nicht miteinander konkurrieren, sondern können sich ergänzen. Für das EKP wurde die hier vorgestellte Liste ausgewählt, weil sie (mit Varianten) immer wieder herangezogen wird (vgl. z.B. Ministerium für Bildung, Jugend und Sport 2008, S. 17ff.).

In den ausgewählten Kompetenzen werden die Fähigkeiten des Individuums thematisiert,

- mit den eigenen Wünschen und Perspektiven umzugehen (Selbstkompetenz),
- auf die Herausforderungen der aktuellen Umweltbedingungen aktiv einzugehen (Methodenkompetenz),
- sich auf die soziale Umwelt verantwortungsbewusst einzulassen (Sozialkompetenz und Wertorientierung).

Der Kompetenzbereich Sachkompetenz hat eine zweifache Orientierung,

- einerseits auf die Wissensbasis für das individuelle Handeln im Hier und Jetzt als Kind,
- andererseits auf die Anforderungen der (zukünftigen) gesellschaftlichen Institutionen und Lebensbereiche Schule, Ausbildung, Studium, Beruf und Leben in einer demokratisch verfassten Gemeinschaft.

Wenn wir als Pädagog:innen ein Bild vom Kind haben, das das Kind als Entdecker:in und Forscher:in zeichnet, das sich proaktiv mit seiner Umwelt auseinandersetzt und selbst an der Entwicklung seines Wissens und Könnens beteiligt ist, dann ist es auch von eminenter Bedeutung, seine Kompetenzentwicklung zu beobachten und festzuhalten sowie daraus pädagogische Schlüsse zu ziehen.

Die Vielfalt der individuellen Kompetenzen und deren Verfügbarkeit entwickeln sich allmählich, oft gleitend, oft aber auch schrittweise. Die/der pädagogische Akteur:in bekommt mit der Zeit ein Gespür für eine vorsichtige und selbstkritische Einschätzung der graduellen Entwicklungsprozesse des einzelnen Kindes. Mit den Jahren beruflicher Tätigkeit verfeinert sich die professionelle Sicherheit im Einschätzen der kindlichen Kompetenzen. Deshalb sind für die Bearbeitung des Entwicklungs- und Kompetenzprofils **fünf Ausprägungsgrade** (von „sehr ausgeprägt" bis „Unterstützung/Förderung empfohlen") zum Ankreuzen vorgegeben. Die Lehrkraft bzw. Fachkraft bekommt damit eine Hilfe, ihre Entwicklungseinschätzung differenziert zum Ausdruck zu bringen.
Mit seinen rund 100 Items, bezogen auf die Entwicklungs- und Kompetenzfelder **Motorik, Wahrnehmung, Soziale Kompetenz und Werteorientierung, Selbstkompetenz, Methodenkompetenz** und **Sachkompetenz** ermöglicht das EKP, die Perspektiven auf das Kind zu erweitern. Die Lehrkraft bzw. Fachkraft und ihr Kollegium/Team erhalten Impulse, die Persönlichkeit des Kindes in seinen unterschiedlichen Aspekten auszuloten und auch weniger auffällige Komponenten kindlicher Entwicklungsprozesse und Kompetenzen in den Blick zu nehmen.

Dabei werden auch Fähigkeiten und Fertigkeiten, wie sie gerade für den **Übergang vom Kindergarten** in die Grundschule traditionell eine große Rolle spielen, in den Blick und ernst genommen, ebenso wie Schlüsselqualifikationen und Wertorientierungen, die in den letzten Jahren als Bestandteile von Bildungsprozessen immer stärker gewichtet werden. Das Entwicklungs- und Kompetenzprofil ist allerdings nicht vorrangig auf die gesellschaftliche Nützlichkeit der individuellen Qualifikationen konzentriert, sondern orientiert sich an einem ganzheitlichen Bild vom Kind, das sich auf seine gesamte geistige, körperliche, emotionale und soziale Entwicklung bezieht.

2.1 Die Durchführung garantiert die Qualität der Bildungsdokumentation

Die **formalen Anforderungen** an die Arbeit mit dem Entwicklungs- und Kompetenzprofil (EKP) lassen sich in wenigen Stichpunkten zusammenfassen:

- Das Ausfüllen dauert 45 bis 75 Minuten einmal im Jahr pro Kind
- Für jedes Kind gibt es nur ein EKP, das für die gesamte Zeit in der Schule, im Hort oder in der Ganztagesbetreuung verwendet und mit unterschiedlichen Farben (z.B. gelb für das erste Jahr, rot für das zweite Jahr etc.) ausgefüllt werden kann.
- Das EKP stellt die schriftliche Grundlage für die Entwicklungsgespräche mit den Eltern dar.
- Das Elterngespräch kann anhand des EKP protokolliert werden.
- Das Portfolio stellt den Bezug zu den Kompetenzen der Kinder her.
- Die Eltern können das EKP bei Bedarf an involvierte Institutionen und Expert:innen (Kinderärzt:innen, Logopäd:innen, Ergotherapeut:innen etc.) weitergeben.

Diese Standardisierung der Beobachtungen bildet eine sehr gute Voraussetzung für Fallbesprechungen im Kollegium oder Team.

Aufgrund dieser Vorgehensweise fallen manche traditionell zeitaufwändigen Tätigkeiten weitestgehend weg, weil sie in die Arbeit mit dem EKP integriert sind, zum Beispiel die separate Vorbereitung auf Gespräche mit den Eltern, das Protokoll der Elterngespräche sowie separate Berichte für beteiligte Institutionen und Fachleute.

Grundlage für die Erstellung des Entwicklungs- und Kompetenzprofils sind

- die zwei- bis dreimal im Jahr realisierten Kurzzeitbeobachtungen von circa fünf Minuten Dauer (siehe Seite 13 f.) sowie
- die anlassbezogenen notierten Spontanbeobachtungen, die im Portfolio (siehe Seite 15 f.) ihren Niederschlag finden.

Diese Dokumente sollten in Ordnern oder Hängemappen für jedes Kind gesammelt und dann alle zwölf (bis 18) Monate zur **Erarbeitung des Profils** herangezogen werden. Dies geschieht durch die für die notierten Beobachtungen verantwortlichen Lehrkräfte und Fachkräfte oder auch gemeinsam im Gruppenteam. Erfahrungsgemäß dauert die Erarbeitung des Profils für jedes Kind zwischen 45 und 75 Minuten.

Zum Ausprägungsgrad der einzelnen relevanten Entwicklungs- und Kompetenzkriterien können **Aussagen in einer fünfteiligen Skala** gemacht werden. **Wichtig:** Nicht alle Kriterien müssen dabei bei jedem Kind Berücksichtigung finden, denn zu einzelnen Bereichen liegen erfahrungsgemäß nicht immer aussagekräftige Informationen vor. Dann sollte dieses Kriterium auch ohne Aussage bleiben. Es ist verantwortungsvoller, eine Kategorie unberücksichtigt zu lassen, als vage Angaben zu machen.

Ein abschließendes Formblatt dient der **frei zu formulierenden Zusammenschau** und Reflexion der Beobachtungen und Einschätzungen unter folgenden Aspekten:

- Besondere Stärken und Talente
- Kontinuierliche Beobachtung wird empfohlen (unterstützungsbedürftiger Bereich)
- Bereiche, die besonderer Aufmerksamkeit, gegebenenfalls der Unterstützung und Förderung bedürfen

Um mehrere Perspektiven und Erfahrungen in das EKP einfließen zu lassen, wäre es wünschenswert, wenn zumindest zwei Kolleg:innen an der abschließenden Fertigstellung beteiligt sind. Das lässt sich zum Beispiel bewerkstelligen, wenn zunächst ein/e Kolleg:in das Ankreuzen der Kriterien mit Bleistift vornimmt, bevor der/die zweite Kolleg:in mit einem Permanentschreiber die Fixierung der Kreuze vornimmt. Bei Abweichungen in der Einschätzung können sich die beiden beteiligten Kolleg:innen vor der endgültigen Festlegung noch einmal abstimmen.

Es wird in den Bögen immer wieder Kriterien geben, für die beim Bearbeiten nicht genügend Beobachtungsmaterial zur Verfügung steht. Ehrlichkeit verlangt, dass damit offen umgegangen wird. In der Praxis bedeutet dies, auf ein Ankreuzen zu verzichten. In der Kommentarspalte kann dann vermerkt werden, dass hier – zum Beispiel entwicklungsbedingt oder um Fehleinschätzungen zu vermeiden – noch keine Angaben gemacht werden können. Für einen Verzicht auf das Ankreuzen kann sich auch entschieden werden, wenn damit Stigmatisierungen vermieden werden können, insbesondere bei extremer Erfolgsorientierung der Eltern.

Das EKP sollte alle zwölf bis 18 Monate für jedes Kind erstellt werden. Das ist eine Häufigkeit, die personell leistbar ist; zugleich werden die Beteiligten mit einer Datendichte konfrontiert, die einen deutlichen, aber auch verkraftbaren Impuls für das Verstehen der Kinder bildet.

Nach der Fertigstellung des Entwicklungs- und Kompetenzprofils kann es spannend sein, das „neue" EKP mit dem oder den „älteren" Bögen zu vergleichen. Auf diese Weise können sich Trends in der Entwicklung des einzelnen Kindes herausstellen, zum Beispiel Verstärkungen oder Verlagerungen von Kompetenzen. Um den Vergleich zu erleichtern, kann auch über die gesamte Zeit in der Schule bzw. Ganztagsbetreuung hinweg der gleiche Ausdruck für das einzelne Kind verwendet werden, jedes Mal mit einer anderen Farbe beim Ankreuzen.

2.2 Kurzzeitbeobachtungen als Informationsbasis für das EKP

Die Angaben im EKP benötigen eine solide Basis reflektierter Beobachtungen, die in einem systematischen Verfahren gewonnen werden sollten. Für die ganzheitliche, ungerichtete Sicht auf Kinder bietet die Kurzzeit- oder Fünf-Minuten-Beobachtung, wie sie seit den 1970er Jahren in den Kindertageseinrichtungen in Reggio Emilia praktiziert wird, einen methodisch kontrollierbaren Rahmen. Entscheidend für die **Qualität der Kurzzeitbeobachtung** sind folgende Kriterien:

- **Regelmäßigkeit** – Jedes Kind wird zu bestimmten, vorher festgelegten Terminen beobachtet; empfohlen wird, jedes Kind zwei- bis dreimal im Jahr konzentriert wahrzunehmen. Dabei kann, wenn es sich ergibt, auf unterschiedlich strukturierte Situationskonstellationen geachtet werden, zum Beispiel auf eine vorrangig durch soziale Interaktion geprägte Situation, eine eher durch *konstruktiv-kreative Handlungskomponenten* bestimmte Situation und/oder eine durch *Bewegungshandlungen* geprägte Situation.
- **Sofortige, spontane Protokollierung** der Beobachtung, wodurch das Einfließen von Vorannahmen und eventuell Vorurteilen über das jeweilige Kind kontrolliert wird.
- Bewusste **Trennung der unmittelbaren Dokumentation der Beobachtung von der anschließenden Interpretation.** Nur so kann es gelingen, dass Wertungen und Einschätzungen nicht schon in das Beobachtungsprotokoll einfließen.

Die **Kurzzeitbeobachtung** ist keine objektive Beobachtung. Als Beobachter:innen folgen wir immer den Mechanismen der selektiven Wahrnehmung (vgl. Paprotta 1999) und ordnen neue sinnliche Informationen bestehenden Einschätzungen und Deutungen zu. Wir neigen dazu, bestehende Vorstellungen zu stabilisieren und abzurunden. Um Offenheit und Neugier gegenüber der Unverwechselbarkeit jedes einzelnen Kindes zu bewahren, ist es daher wichtig, möglichst konkret und ungefiltert Beobachtungen zu notieren. Und es ist, wie bereits gefordert, bedeutungsvoll, die Beobachtungsnotiz von der anschließenden Interpretation zu trennen.
Eine theoretische Orientierung kann das Beobachtungsverfahren durch die Überlegungen der französischen Strukturalisten der 1960er und 1970er Jahre erhalten (Claude Lévi-Strauss, Lucien Goldmann, Jacques Lacan u. a.). Danach können wir uns bei Beobachtungen auf Teilaspekte konzentrieren, die immer etwas über die Gesamtstruktur (z.B. einer Persönlichkeit) aussagen. Durch die Zusammenschau der verschiedenen Teilaspekte stoßen wir auf grundlegende Strukturelemente, die die Eigenschaften und Kompetenzen eines Kindes und dessen Entwicklung ausmachen. Für die Anwendung des EKP bedeutet die Orientierung am **Strukturalismus** unter anderem:

Es kommt nicht auf die **Häufigkeit** und **Länge** der einzelnen Beobachtungen an, sondern auf die **Tiefe** und **Differenziertheit** der Beobachtungen.

Mit zunehmender Häufigkeit von Beobachtungen erhöhen wir nur die Gefahr einer Datenüberflutung, die wir kaum noch bei der Auswertung beherrschen können. Und mit zu langen Beobachtungsphasen überfordern wir unsere Konzentrationsfähigkeit und den Anspruch, alles Beobachtete zu notieren. So merkwürdig es klingen mag: Die Praxis zeigt, dass eine Beobachtung von vier bis fünf Minuten Dauer besser als eine doppelt oder dreimal so lange Beobachtungsphase ist, um Strukturelemente von Eigenschaften und Kompetenzen eines Kindes zu erfassen.

Für die **Interpretation** der notierten Beobachtungen ist es dagegen günstig, Kategorien verfügbar zu haben, die unseren Blick auf verschiedene Aspekte kindlicher Entwicklung und Befähigungen lenken. Dazu kann der Katalog von fünf Lerndispositionen hilfreich sein, den Hans Rudolf Leu (2002) in Anlehnung an Margret Carr (1998) vorschlägt. Die Lerndispositionen lauten: Interesse, Engagiertheit, Problemlösung, Kommunikation, soziale Verantwortung bzw. Fähigkeit zum Perspektivenwechsel. Wir ergänzen diesen Katalog durch zwei weitere elementare Dimensionen der menschlichen Entwicklung, nämlich Bewegung und Wahrnehmung. Sowohl die kognitivistische Entwicklungstheorie Jean Piagets als auch die neuere Hirnforschung (vgl. u.a. Spitzer 2018) beziehen sich immer wieder gerade auf diese Kategorien, welche die Grundlage menschlichen Austauschs mit der dinglichen und sozialen Umwelt darstellen.

3 Die Einbettung von Bildungsdokumentation in das Portfolio

Die Arbeit am EKP sowie die Kurzzeitbeobachtungen können mit der Portfolio-Arbeit verknüpft werden. Ziele sollten sein:

- Das Prinzip der Partizipation (siehe Seite 8) wird in die Arbeit am Portfolio eingebracht.
- Die Kinder entscheiden über das, was ins Portfolio kommen soll.
- Sie beteiligen sich an der Gestaltung des Portfolios.
- Die Kinder nehmen ihre im Portfolio dokumentierten Entwicklungsschritte wahr, sind stolz darauf und freuen sich darüber.
- Sie nehmen die Arbeit am Portfolio zugleich als das Gestalten ihres „Werkes“ wahr, mit dem sie sich identifizieren können.

3.1 Portfolio – Kennzeichen des Prozesses

Nicht das Produkt der Kinder allein, vielmehr der Prozess, in dem es entstanden ist, gibt Auskunft über die die Qualität der Portfolioarbeit. Paulson kennzeichnet daher den Prozess folgendermaßen: Die Sammlung muss die Beteiligung der Kinder an der Auswahl der Inhalte, der Festlegung der Beurteilungskriterien sowie Hinweise auf die Selbstreflexion der Kinder einschließen (vgl. Paulson et al. 1991, S. 60).
In diesem Verständnis stellt Portfolioarbeit einen partizipativen Prozess dar, der darauf zielt, die Selbstbeurteilungskompetenz der Kinder zu fördern. Dahinter steht der Grundgedanke, dass mit der ausschließlichen Fremdbeurteilung von Leistungen die Perspektive der Kinder unberechtigterweise übergangen wird. Eine angemessene, mehrperspektivische Leistungsbeurteilung verbindet stattdessen Fremd- und Selbstbeurteilung miteinander, das heißt, die Kinder kommen im Beurteilungsprozess zu Wort. Voraussetzung dafür sind die Transparenz von und die Kommunikation über Leistungen.

3.2 Wie sieht ein Portfolioprozess in der Praxis aus?

Folgende Punkte kennzeichnen den Portfolioprozess in der Praxis:

- Kontextfestlegung (Zweck, Ziel, Inhalt, Entscheidungen, Anforderungen, Ressourcen)
- Sammlung (nicht alle Dokumente verbleiben im Portfolio)
- Präsentation (Portfolios sind sehr persönliche Dokumente, dennoch ist die Veröffentlichung zum Beispiel im Rahmen von individuellen Lernberatungsgesprächen ein zentrales Merkmal)
- Reflexion (förderliche/hinderliche Aspekte des eigenen Lern- und Arbeitsverhaltens)
- Projekte/Ausblick (Portfolios machen Lernprozesse und Lernprodukte sichtbar)

3.3 Talentportfolio

Als Begründer des Talentportfolios gilt Josef Renzulli (vgl. Renzulli et al. 2001a, 2001b). Dieses Modell enthält einen konkreten „Bauplan", der aufzeigt, wie Schulen Kinder ermutigen können, ihre

- Individuelle Kompetenzen,
- Interessen und
- Zielvereinbarungen

zu entwickeln.

Mit dem Portfolio entsteht für jedes Kind eine Art Archiv, in dem eine Fülle verschiedenartiger Dokumente über das Kind und seine Entwicklung aus einem mittelfristigen Zeitraum zusammengetragen wird. Die einzelne **Kurzzeitbeobachtung** verliert dadurch ihren punktuellen, isolierten Charakter; sie wird eingebettet in ein Kontinuum von persönlichen Materialien, die verschiedene Blickwinkel auf das Kind zulassen.

Damit ist das Portfolio zu verstehen als

- **Ausdrucksmittel** der Persönlichkeit und der Kompetenzen des Kindes
- **Kommunikationsmedium** zwischen Kindern, Familie, Schule, Hort und Ganztagsbetreuung
- **Erinnerungsalbum**

Im Portfolio werden Kinder zu Autor:innen ihrer Biografie. Das Portfolio ist ein vorzeigbares Dokument der Selbstwirksamkeit des Kindes und macht seine „Überzeugung, aus eigener Kompetenz Herausforderungen bewältigen zu können", sichtbar (Müller 2005, S. 13).

Mit dem Portfolio kann Bildungsdokumentation vielfältiger und aussagekräftiger werden. Das EKP stellt eine Dokumentationsstruktur dar, die eine facettenreiche Auskunft gibt über Kompetenzen, Eigenschaften und Unverwechselbarkeiten des einzelnen Kindes im Verlauf seiner Entwicklung. Das **parallel geführte Portfolio** verbessert für das Kind die Chance der Selbstreflexion und Kommunikation über sich selbst und seine Erlebnisse. Die Arbeit mit Portfolios ist zum Beispiel im Bildungsplan für die Grundschulen in Baden-Württemberg verankert.

4 Die Anwendung des EKP in der Praxis

Entwicklungs- und Kompetenzprofil

für Kinder von 6 bis 12 Jahren

KOMPETENZBEREICH 1. Motorik	Erläuterung
1.1 Grobmotorik	
1.1.1 Gelenkigkeit, Beweglichkeit (klettern, balancieren ...)	Von Geburt an eignen sich Kinder Bewegungsfertigkeiten an. Ab 6 Jahren haben Kinder eine gute Wahrnehmung des eigenen Körpers und einen guten Gleichgewichtssinn. Sie balancieren sicher über einen Baumstamm.
1.1.2 Sportlicher Krafteinsatz (Roller-/Fahrradfahren, Ball werfen und fangen ...)	Ab dem Grundschulalter können die Kinder kontrolliert Fahrradfahren, Bälle werfen und auffangen.
1.1.3 Risikoeinschätzung (Umgang mit Mut, Ängsten und Gefahren)	Die Kinder haben ein Bewusstsein für Gefahren – eine lebenslang wichtige Kompetenz, auch im Hinblick auf die motorischen Aktivitäten: Mut und Vorsicht in eine Balance zu bringen hilft den Kindern, Unfälle zu vermeiden.
1.2 Feinmotorik	
1.2.1 Auge-Hand-Koordination (Gegenstände sicher greifen)	Die Auge-Handkoordination ist die Grundlage für viele alltägliche Bewegungen. Ab dem Grundschulalter gelingen das Schreibenlernen und damit weitere schulische Leistungen.
1.2.2 Umgang mit Werkzeugen und Geräten (Stift halten und damit malen, einfache Formen ausschneiden ...)	Finger- und Handgeschicklichkeit nehmen ab dem 6. Lebensjahr deutlich zu, und die Abstimmung von Sehen und Handbewegung wird differenzierter.

KOMPETENZBEREICH 2. Wahrnehmung	Erläuterung
2.2 Auditiver Sinn (Hören)	
2.2.1 Auditive Wahrnehmung (Geräusche identifizieren, wiedergeben; Töne unterscheiden)	Die auditive Wahrnehmung ist wichtig, um verschiedene Geräusche richtig identifizieren und ordnen zu können. Sie spielt beim Erwerb der Lautsprache, des Lesens und Schreibens eine essenzielle Rolle.
2.2.2 Phonologische Bewusstheit (Laute, Silben, Reime erkennen und unterscheiden)	Kinder ab 6 Jahren können Wortketten bilden, Töne orten und Reime erkennen, nachsprechen und unterscheiden. Es gelingt ihnen, Sprachspiele (z.B. „Ich packe meinen Koffer") weiterzuentwickeln.

2.3 Gustatorischer & olfaktorischer Sinn (Schmecken, Riechen)	
2.3.1 Entwickelte Geschmacksempfindungen	Im Grundschulalter ist die Entwicklung des Geschmackssinns weitestgehend abgeschlossen. Die Kinder kennen die Geschmacksrichtungen und wissen, welche Lebensmittel eher süß, sauer, salzig oder bitter schmecken.
2.3.2 Entwickelte Geruchsempfindungen	Kindern im Grundschulalter können sicher Gerüche zuordnen: Wie riecht es im Wald, im Schwimmbad oder auf einem Bauernhof. Das Gehirn speichert die Gerüche im Gedächtnis ab, sodass Kinder Dinge am Geruch wiedererkennen können.
2.4 Vestibulärer Sinn (Gleichgewichtswahrnehmung)	
Entwickelter Gleichgewichtssinn	Der Gleichgewichtssinn trägt zu einer Organisation der äußeren und inneren Bewegung bei und die Kinder erhalten eine Orientierung über sich selbst (Selbstempfinden) und ihre Umwelt. Neue Reize werden als neue Erfahrungen analysiert und mit Gefühlen belegt. Je nach Vorerfahrung können die Gefühle zu unterschiedlichen Verhaltensweisen und Bewegungsmustern führen.
2.5 Kinästhetischer Sinn (Körperselbstwahrnehmung)	
Verfügt über Eigenwahrnehmung, Bewegungs- und Stellungssinn	Das Körperbewusstsein kann definiert werden als gedankliches Konstrukt zur Einschätzung des eigenen Körpers und seiner Fähigkeiten. Beim Herantasten an neue Bewegungsgrenzen brauchen Kinder Erwachsene als Unterstützer:innen.
2.6 Taktiler Sinn (Fühlen)	
Verfügt über Interesse und entwickelte Praxis, Oberflächenstrukturen zu ertasten und zu fühlen (Formen und Materialien ertasten und unterscheiden)	Diese Körpererfahrungen sind wichtig für die gesamte Entwicklung eines Kindes. Kinder lernen ihren Körper besser kennen und erfahren z.B., ob etwas zu heiß oder zu kalt ist. Die taktile Wahrnehmung ist nicht nur für Kinder wichtig. Bis in das Seniorenalter hinein wirken sich taktile Reize positiv auf die Psyche sowie die körperliche und geistige Fitness aus.
2.7 Orientierung im Raum	
2.7.1 Erfasst neue und/oder komplizierte Raumstrukturen und identifiziert sie mithilfe adverbialer Bestimmungen (rechts, links, vorne, hinten …)	Die Raumorientierung ist Voraussetzung dafür, dass das Kind weiß, in welche Richtung es schreibt – von links nach rechts, von oben nach unten. Um die Buchstaben eines Wortes adäquat aneinanderzureihen, braucht es das Reihenvermögen. Dieses wird z.B. durch das Hüpfen trainiert.
2.7.2 Kann Unterschiede zwischen Räumen wahrnehmen und benennen (groß, hoch, hell …)	Unter räumlicher Vorstellung versteht man konkret die Fähigkeit, die eigene Person sowie die Gegenstände gedanklich richtig in eine räumliche Situation einzuordnen und sich dabei real und mental im Raum zurechtzufinden. Z.B.: Die Kinder entdecken eine große Halle, die sich eignet, um darin Fußball zu spielen.
2.7.3 Erkundet ohne Angst fremde Räume	Kinder, die Sicherheit und Struktur erleben, können ein gutes räumliches Vorstellungsvermögen entwickeln.

2.7.4 Findet sich in der Ordnung der Materialien zurecht, kann Ordnung halten und schaffen

Die Fähigkeit, Ordnung zu halten, fängt im Grundschulalter an. Z.B. den Arbeitstisch aufräumen, bevor die Hausaufgaben begonnen werden, die eigenen Materialien in die Schultasche räumen und Verantwortung dafür übernehmen. Ein positiver Nebeneffekt: Die Kinder fühlen sich durch das Aufräumen gebraucht und gesehen.

2.7.5 Findet Gegenstände wieder

Kinder im Grundschulalter müssen erst noch Lernstrategien erwerben. Je nach Struktur, Ordnungssystemen und Ritualen können die Kinder Gegenstände wiederfinden.

KOMPETENZBEREICH

3. Soziale Kompetenz und Wertorientierung

Erläuterung

3.1 Entwickelt und differenziert anderen gegenüber Vertrauen

Vertrauen ist die die Voraussetzung für zwischenmenschlichen Beziehungen. Im schulischen Bereich sowie in Betreuungseinrichtungen ist Vertrauen äußerst wichtig und bildet die Basis einer guten Lernkultur. Die Kinder benötigen Sicherheit und Orientierung von den Erwachsenen, um das Vertrauen zu anderen aufbauen zu können.

3.2 Empfindet und reguliert Nähe und Distanz je nach Person und Situation

Die Bedürfnisse nach Nähe und Distanz sind individuell unterschiedlich. Einige Kinder brauchen viel Zuwendung, möchten gerne Hilfe in Anspruch nehmen und im übertragenen Sinn „an die Hand genommen werden". Andere hingegen sind schon früh selbstständig und empfinden es als eher unangenehm, wenn Erwachsene sich „einmischen". Lehrer:innen und pädagogische Fachkräfte sollten das individuelle Distanzempfinden wahr- und ernstnehmen.

3.3 Ist kooperationsfähig

Dabei handelt es sich um die Fähigkeit, Ziele und Aufmerksamkeit gemeinsam mit anderen zu entwickeln, und die gemeinschaftliche Motivation, anderen zu helfen und mit ihnen zu teilen, z.B. sich bei den Hausaufgaben zu unterstützen, gemeinsam ein Projekt zu planen, miteinander durchzuführen und Erfolge zu teilen.

3.4 Ist konfliktfähig und differenziert zwischen Durchsetzung, Kompromiss und Nachgeben

Im Kindergarten erworbene Fähigkeiten und Strategien zum Streiten bilden die Basis für das selbstständige Lösen von Konflikten. Wenn Kinder ihre Konflikte selbst austragen, lernen sie zuzuhören, andere aussprechen zu lassen, ihre Meinung zu äußern und selbst eine Lösung zu finden.

3.5 Ist fähig zur Rücksichtnahme auf andere

Ab 6 Jahren sind die emotionalen und sozialen Kompetenzen gut entwickelt. Der Umgang mit eigenen Gefühlen gelingt meistens, ebenso die Rücksichtnahme auf Gefühle anderer.

3.6 Akzeptiert Regeln und Rituale

Kaum ein Kind auf der Welt akzeptiert ein „Nein" der Erwachsenen, ohne sich früher oder später dagegen aufzulehnen. Kinder möchten von Natur aus Verantwortung übernehmen. Es ist die Aufgabe der Erwachsenen, eine alters- und persönlichkeitsgerechte Aufgabe für die Kinder zu finden. Dann werden die Kinder Regeln und Rituale akzeptieren.

3.7 Gestaltet Regeln mit

Wenn Kinder Beteiligung und Mitbestimmung erleben, erfahren und erproben, lernen sie, ihre Wünsche, Bedürfnisse und Ideen zu äußern, z.B. Projekte zu planen, Räume zu gestalten und Freizeitangebote mitzuentscheiden bzw. abzustimmen.

3.8 Sucht und findet Spielpartner:innen	Kinder sind von Anfang an sehr aufmerksam anderen Kindern gegenüber. Sie lernen von anderen Kindern; die Beziehungen zu ihnen leisten einen eigenständigen Beitrag zur Entwicklung.
3.9 Zeigt Einfühlungsvermögen	Empathische Kinder verstehen die Gefühle ihres Gegenübers, lassen sich darauf ein, reflektieren sie und sind bereit, sich Zeit für die Probleme anderer zu nehmen.
3.10 Zeigt Sinn für Gemeinschaft	Kinder lieben Herausforderungen, Aufgaben, die sie lösen können. Dabei darf die Aufgabe **nicht zu leicht und nicht zu schwer** sein. Eine Aufgabe zu bewältigen, die der Gemeinschaft dient (wie z.B. sägen, hämmern und ein Baumhaus montieren) wirkt zusätzlich motivierend. Kinder wollen Verantwortung übernehmen und ein wichtiger Teil der Gemeinschaft sein. Es wirkt motivierend und verstärkend, das heißt, man will es von sich aus wiederholen (intrinsische Motivation), wenn man einen Erfolg gemeinsam feiert. Es reicht dabei, sich gemeinsam daran zu erfreuen, den Kindern zu gratulieren und „erstaunt" nachzufragen, **wie** diese Aufgabe so gut gemeistert werden konnte.
3.11 Zeigt Toleranz	Kinder sind tolerant, wenn sie andere Meinungen gelten lassen. Sie dulden, dass andere Menschen anders leben, eine andere Religion als man selbst haben, anders aussehen, andere Musik hören. Die Achtung von unterschiedlichen Meinungen ist wichtig in einer Demokratie.
3.12 Hat Sinn für Gerechtigkeit	Im Alter zwischen 6 und 8 Jahren entwickeln Kinder einen objektiven Sinn für Gerechtigkeit.
3.13 Zeigt Zuverlässigkeit	Kinder können nur Zuverlässigkeit einüben, wenn sie gute Vorbilder hatten/haben. Wenn etwas versprochen wird, sollte es möglichst eigehalten werden.
3.14 Achtet das andere Geschlecht	Die Konstruktion einer Geschlechtsidentität ist das Ergebnis von Gruppenprozessen. Kinder und Jugendliche lernen in losen, sich überlappenden, lokalen Gemeinschaften, in denen männlich und weiblich gehandelt wird, sich männlich und weiblich zu verhalten. In diesen Gemeinschaften erfahren Kinder und Jugendliche wie es ist, als männlich und weiblich behandelt zu werden und zu handeln. Sie lernen auch, welche Erwartungen an Frauen und Männer in der jeweiligen Gemeinschaft, in der sie leben, bestehen.
3.15 Achtet andere Kulturen	Zur kulturelle Vielfalt gehört es, absolute Normen anzuerkennen und konventionelle Normen auszuhandeln. Ab 4 Jahren beschäftigen sich die Kinder mit dem Unterschied zwischen unbedingten Normen und konventionellen Normen.
3.16 Achtet materielle Werte und das von anderen Geschaffene	„Gerecht teilen" gibt den Kindern Anregungen dazu, in vermeintlich unfairen Situationen gemeinsam zu überlegen, welche angemessen und fairen Lösungen es gibt, damit Neid oder Wut vermieden wird (und somit ggf. Sachbeschädigungen vorgebeugt wird). Die Kinder lernen, Kompromisse zu schließen und durchzusetzen.

KOMPETENZBEREICH

4. Selbstkompetenz

4. Selbstkompetenz	Erläuterung
4.1 Zeigt persönliche Interessen, Vorlieben und Abneigungen	Bereits im frühen Vorschulalter besitzen Kinder individuelle Interessen. Sie setzten sich mit ihrer Umwelt auseinander und entwickeln ihre Themen weiter. Vorlieben und Abneigungen werden ab 6 Jahre konkretisieret – z.B. Der Salat schmeckt mir nicht; er ist zu sauer.
4.2 Zeigt und äußert persönliche Empfindungen	Nicht alle Kinder können ihre Gefühle gut zeigen oder kommen sofort mit den anderen Kindern aus. Soziale Kompetenzen zu haben bedeutet nicht automatisch, dass alle Kinder gleichermaßen auf Menschen zugehen können oder Schüchternheit generell etwas Negatives ist. Ganz im Gegenteil: Jedes Kind hat seine eigene Persönlichkeit und daher individuelle Stärken und Schwächen sowie Begabungen. Indem die Kinder Sozialkompetenzen aufbauen, können das Selbstbewusstsein sowie das Selbstvertrauen wachsen und nachhaltig gestärkt werden.
4.3 Äußert persönliche Bedürfnisse und Wünsche	Die Beschreibung emotionaler Zustände wird differenzierter, und im Alter von 10 bis 11 Jahren verstehen Kinder auch **ambivalente (doppeldeutige) Emotionen**. Sie entwickeln zunehmend ein Verständnis dafür, dass der Emotionsausdruck nicht unbedingt mit der tatsächlichen Gefühlslage übereinstimmen muss.
4.4 Hat ein positives Selbstbild und Selbstwertgefühl	Da soziale Vergleiche mit Gleichaltrigen immer häufiger vorgenommen werden, werden die Selbstbeschreibungen zunehmend differenzierter, umfassender und realistischer (Selbstkonzept). **Das Selbstwertgefühl entwickelt sich** (subjektive Bewertung des Selbstkonzepts; das, was man von sich hält). Ab etwa 8 Jahren beeinflussen die Fremdeinschätzungen über die eigenen Kompetenzen das Selbstwertgefühl.
4.5 Äußert eigene Meinung	Es wird nicht nur viel gefragt, sondern auch hinterfragt. Im Alter von ungefähr 6 Jahren beginnen Kinder, gewonnene Informationen einzuordnen, kritisch zu beurteilen, miteinander in Verbindung zu bringen und die eigene Meinung zu äußern.
4.6 Kann eigene Meinung begründen	Kinder entwickeln mit circa 8 Jahren ein tieferes Verständnis für viele Dinge/Themen und bilden sich ihre eigene Meinung.
4.7 Trifft und äußert eigene Entscheidungen	Ab dem Grundschulalter lernen die Kinder, über eigene Gedanken nachzudenken (Metakognition), Entscheidungen zu treffen und verbal mitzuteilen.
4.8 Verfügt über Selbstständigkeit	Von der Lustorientierung zur **Akzeptanz von Fremdbestimmung** – Kinder können sich zunehmend von selbstbestimmten und lustorientierten Spielen lösen und an von Erwachsenen vorgegebenen Aufgaben arbeiten.
4.9 Verfügt über Flexibilität	Zwischen 7 und 11 Jahren wird das Denken flexibler und organisierter. Die Kinder sind nun in der Lage, mehrere Aspekte einer Situation gleichzeitig zu betrachten, und können konkrete Probleme, die sich auf die gegenwärtige Situation beziehen, lösen.

4.10 Ist in der Lage zu selbstmotiviertem Lernen	Je nachdem, wie ein Kind seine Leistungen begründet (Erfolg aufgrund eigener Fähigkeiten oder Zufall), wird es motiviert sein, sich neuen Herausforderungen zu stellen und sich durch Misserfolge nicht so schnell entmutigen zu lassen.
4.11 Verfügt über Anstrengungsbereitschaft (Energie, Hartnäckigkeit, Ausdauer)	Während der Grundschulzeit entwickelt sich das Denken der Kinder grundlegend. Die Motivation für das schulische Lernen wird in dieser Entwicklungsphase zum Thema. Erlebt das Kind, dass es sich lohnt, sich anzustrengen? Erhält es Aufgaben, die es bewältigen kann? Wird es für seinen Einsatz gewürdigt? Mit wem wird es verglichen? Zum Bild, das ein Kind von sich hat, kommen nun auch schulische Fähigkeiten und soziale Beziehungen.

KOMPETENZBEREICH

5. Methodenkompetenz

(Spiel- und Lernverhalten)	Erläuterung
5.1 Verfügt über Konzentrationsfähigkeit	Die Aufmerksamkeitsspanne nimmt deutlich zu. Ab ca. 6 Jahre können sich die Kinder bis zu 30 Minuten konzentrieren. Ab 9-10 Jahren bis 45 Minuten.
5.2 Ist wissbegierig	Kinder im Grundschulalter sind sehr wissbegierig, neugierig und hoch motiviert, Neues zu lernen. Je nachdem wie ein Kind seine Leistung begründet (Erfolg aufgrund eigener guter Fähigkeiten oder Zufall), wird es motiviert sein, sich neuen Herausforderungen zu stellen und sich durch Misserfolge nicht so schnell entmutigen lassen oder es wird pessimistisch an die Aufgaben herangehen und schnell aufgeben. Das Umfeld sollte in dem Falle dem Kind helfen, seine Ursachenzuschreibungen zu korrigieren und so dessen Angst vor Leistungssituationen entgegenwirken.
5.3 Verfügt über Problemlösefähigkeit	Starke Kinder wissen, dass sie Probleme lösen können. Sie sind zuversichtlich, dass sie eine Lösung finden und geben nicht beim ersten Rückschlag oder Misserfolg gleich auf. Wie gut ein Kind Probleme lösen kann, hängt davon ab, wie viel Übung es darin hat.
5.4 Verfügt über Experimentier- und Explorationslust	Kinder spielen und lernen aus eigenem Antrieb. Sie sind von Natur aus neugierig und möchten die Welt entdecken. Sie lernen die Welt kennen, finden heraus, wie die Dinge funktionieren, wozu sie zu gebrauchen sind und welchen Sinn sie haben. **Ab 7 Jahren erweitert sich das Induktives Denken (eine Art des Schlussfolgerns)**: auf der Basis einzelner Beobachtungen werden allgemeine Schlussfolgerungen gezogen. Z. B. „Meine Katze Snoby hat vier Pfoten. Die Katzen der Nachbarn haben auch vier Pfoten. Demnach haben alle Katzen vier Pfoten."
5.5 Verfügt über Gestaltungsfreude	Etwas mit den eigenen Händen zu gestalten ist ein (Ur)Impuls jedes Menschen. Dabei ist es egal, ob man lieber mit Freude malt oder konstruiert, Dinge zusammenschraubt, singt oder tanzt. Kinder denken und fühlen dabei stets mit ihrem gesamten Sein, „denn kreatives Denken beansprucht alle kognitiven Facetten des Denkens" (Maria Montessori).

5.6 Verfügt über Eigeninitiative	Kinder im Grundschulalter gestalten ihre Lebenswelt zunehmend selbstständiger. Sie erobern sich immer mehr Freiräume. Ab 7 Jahren denken sie zunehmend sachorientierter. Die Kinder haben das Bedürfnis die Vorgänge in ihrer Lebensumwelt erklären zu wollen. Dabei versuchen sie immer mehr, Zusammenhänge zu entdecken und zu verstehen. Sie lassen sich gerne auf neue Dinge ein und entwickeln damit ein realistisches Bild der Welt. Ihr Interesse für Details und minimale Unterschiede bei Objekten nimmt sehr stark zu. Z.B. Sammeln von Muscheln, Steinen, Briefmarken usw.
5.7 Verfügt über Spielfreude, hat Spielideen	Kinder zwischen etwa 6 und 12 Jahren „gehen" selten, wenn sie zu Fuß sind: Sie rennen, hüpfen, springen, balancieren, klettern... Für die meisten Kinder zwischen der 1. und der 7. Klasse ist Sport das schönste Schulfach. Kinder sind in ihrer Freizeit am liebsten draußen, um zu spielen oder etwas zu unternehmen. Im Grundschulalter stehen Selbstbestimmte Bewegungsspiele und Geschicklichkeitsübungen an erster Stelle ebenso Mannschaftsspiele, Wettkämpfe, Kräftemessen mit anderen Kindern fördern soziale Kompetenzen und die Identitätsentwicklung.
5.8 Kann Impulse aufgreifen und weiterentwickeln	Im Alter von 8 bis 11 Jahren läuft die sprachliche Mediation nahezu vollständig innerlich ab. Das Problemlösen wird wechselseitig und zielt auf die Zufriedenheit beider Beteiligten. Häufigste problemlösende Strategien sind das Überreden („Los komm, lass uns das machen. Das wird bestimmt aufregend"), Verhandeln („Wenn ich mit deinem Skateboard fahren darf, kannst du auf meinem Fahrrad fahren") und das Abwechseln („Erst du, dann ich!").
5.9 Versteht Aufgaben und kann sie umsetzen	Eine Grundmotivation ist wichtig für das genaue Erschließen eines Textes oder einer Aufgabe. Fehlt einem Kind grundlegend das Interesse am Textinhalt oder der Aufgabenstellung, lautet das Signal an das Gehirn: „Der Text ist unwichtig, ich muss ihn daher nicht wirklich verstehen." Es bleibt also bei einer lückenhaften, möglicherweise fehlerhaften Wahrnehmung des Text- oder Aufgabeninhaltes.
5.10 Hat Interesse an der Entwicklung von Erklärungen und Hypothesen	Kinder bilden intuitive Theorien und Hypothesen über Phänomene ihrer Umgebung und über die eigene Person (physikalische, biologische, psychologische Theorien). Sie prüfen und revidieren Theorien und Hypothesen auch in ihren alltäglichen Entdeckungsprozessen.

KOMPETENZBEREICH 6. Sachkompetenz	Erläuterung
6.1 Sprache	
6.1.1 Spricht gerne	Im 6. Lebensjahr entwickeln sich die Fertigkeiten im Sprachgebrauch weiter. Es kommt auch zu einer metakommunikativen Entwicklung. Dem Kind werden verschiedene Sprecherrollen und Standpunkte bewusst. Es kann in verschiedene Rollen schlüpfen und diese gekonnt versprachlichen. Diese Entwicklung dauert noch bis weit ins Schulalter hinein an.
6.1.2 Verfügt über Kommunikationsfähigkeit in der Kleingruppe	Kommunikationsfähigkeit in Kleingruppen wird deutlich, wenn das Kind z.B. gemeinsam mit anderen Projekte vorbereitet, zusammen mit Klassenkamerad:innen für Tests und Prüfungen lernt. Kinder können ihren Schulalltag aktiv mitgestalten, indem sie ihre Gedanken, Gefühle und Bedürfnisse artikulieren und gleichzeitig die ihrer Mitmenschen berücksichtigen, tolerieren und wertschätzen. In Konfliktsituationen (mit Mitschüler:innen oder Lehrkräften) arbeitet das Kind aktiv an einer Win-win-Lösung mit und erntet für sein positives Verhalten Anerkennung und Wertschätzung und fühlt sich dadurch in seinem schulischen Umfeld wohl.

6.1.3 Verfügt über Kommunikationsfähigkeit in der Großgruppe	Kommunikative Kompetenzen sind die Voraussetzung, damit Schüler:innen sich in Großgruppen beteiligen können. Kommunikative Kompetenzen sind Elemente einer partizipationsfreundlichen Schulkultur. Die Vermittlung kommunikativer Kompetenzen ist ein grundlegendes Bildungsziel von Schule.
6.1.4 Verfügt über einen entwickelten Wortschatz	Die Beherrschung des Sprachsystems zeigt sich im Wortschatz auch darin, dass erste übertragene Bedeutungen verstanden werden – z.B.: Er hat nur Stroh im Kopf = Er ist dumm.
6.1.5 Verfügt über entwickelte Grammatikkenntnisse	Die grammatikalischen Fertigkeiten sind soweit gereift, dass es bei der Verwendung „grammatischer" Wörter (Vorwörter, Fürwörter, Artikel, Bindewörter) kaum noch bzw. nur mehr zu kleinen Fehlern kommt. Die Mehrzahl wird durchgehend angezeigt, ebenso der Fall des Hauptworts. Nur der 2. Fall (Genitiv) bereitet noch Probleme.
6.1.6 Verfügt über phonologische Bewusstheit (hört Laute heraus, gliedert Wörter in Silben)	Ab 6 Jahren zeigen sich weiterentwickelte phonologische Bewusstheitsfertigkeiten wie die Lautanalyse (z.B. „Maus" beginnt mit „M" und endet mit „S") oder die Lautsynthese (z.B. M-a-u-s heißt „Maus"). Weitere Fertigkeiten im Bereich der phonologischen Bewusstheit vermittelt der Erstlese- und Schreibunterricht.
6.1.7 Hat Kenntnisse über Symbole, Buchstaben und Wörter	Mit circa 7 Jahren erfassen die Kinder die mögliche Bildlichkeit sprachlich-literarischer Elemente, z.B.: die Überprüfung von Deutungshypothesen durch In-Beziehung-setzen zu anderen Textpartien; das In-Beziehung-setzen von Deutungshypothesen zu historischen (auch wirkungsgeschichtlichen) Kontexten; Reflexion des Spielraums, der den Leser:innen bei der Konstitution der Bedeutung literarischer Symbole eingeräumt wird; Kenntnis und kritischer Gebrauch einschlägiger Fachbegriffe (Metapher, Symbol, Allegorie).
6.1.8 Hat Interesse am Umgang mit Büchern, Bild- und Schriftmedien	Die meisten Kinder freuen sich, wenn sie endlich alt genug sind, um in die Schule zu gehen. Damit Kinder die Freude an der Schule bewahren, sollte der Lernfortschritt aktiv mit Büchern unterstützt werden. Kinderbücher für „Erstleser:innen" sind durch ihre kurze Textlänge, große Schrift und klare Textgliederung ideal dazu geeignet, um das eigenständige Lesen zu üben. Spannende und kindgerechte Themen sorgen dabei für die nötige Abwechslung.
6.1.9 Hat Interesse an gesprochenen Texten, Hörspielen etc.	Hörspiele zeigen, dass auch eher passive Mediennutzung zum Aufbau verschiedener Kompetenzen beitragen kann: Sie unterstützen die Sprachentwicklung und fördern die aktive Zuhörkompetenz. Hörspiele regen nicht nur das Gehirn an, sie unterhalten, unterstützen die Entwicklung der Fantasie, lehren und üben außerdem die Konzentrationsfähigkeit und das Zuhören. Sie fördern die Kreativität ähnlich wie das Lesen sowie die sprachliche Entwicklung und Wahrnehmung.
6.1.10 Verfügt über Textverständnis	Ab 7 Jahren haben Kinder ein Textverständnis (die Fähigkeit, einen Text zu lesen und zu verstehen, Zusammenhänge zwischen den Wörtern und Sätzen zu erkennen) erworben. Diese komplexe Kompetenz geht weit über die Fähigkeit hinaus, allein die im Text explizit benannten Informationen zu identifizieren und zu verarbeiten.

6.2 Mathematik	
6.2.1 Kennt Ziffern, Kardinal- und Ordinalzahlen, schreibt Zahlen	Basiskompetenzen im Bereich der Grundschulmathematik sind die Ablösung vom Zählenden Rechnen, das Verständnis des Dezimalsystems und der mathematischen Grundoperationen, das Automatisieren von instrumentell wichtigen Kopfrechenfertigkeiten und das „Mathematisieren" beim Lösen von Sachaufgaben.
6.2.2 Verfügt über Kenntnisse in den Grundrechenarten	Die *Grundrechenarten* beherrschen Kinder in der vierten Klasse: Addition, Subtraktion, Einmaleins und Division. Besonders das Kopfrechnen ist wichtig.
6.2.3 Kann Mengen schätzen und vergleichen	Das Kind mit 6 Jahren ist fähig, die größere bzw. kleinere aus zwei Zahlen im Zahlenraum bis 10 zu bestimmen. Kinder in dieser Stufe besitzen nun ein recht gutes Verständnis des Zählvorgangs und können die Größer-/Kleiner-Relation für Elementzahlen zweier Mengen zumindest im Zahlenraum bis 10 anwenden.
6.2.4 Rechnet sicher	In der zweiten Klasse rechnen Kinder im Zahlenraum bis 100. Zweistellige Zahlen können Kinder sicher lesen und schreiben. Sie haben ein Verständnis für Zehner und Einer und sind in der Lage, Mengen bis 100 grob einzuschätzen. Ab 7 Jahren erkennen Kinder, ob es sich z.B. eher um 15 Bausteine oder um 50 Bausteine handelt.
6.2.5 Wendet mathematische Operationen auf Alltagsphänomene und -situationen an	Zur mathematischen Bildung gehören fünf Bereiche, in denen die Kinder Kompetenzen erwerben: (1) Sortieren und Klassifizieren, (2) Muster und Reihenfolgen, (3) Zeit, (4) Raum und Form sowie (5) Mengen, Ziffern, Zahlen.

6.3 Kenntnisse zur Lebenswelt/Weltwissen	
6.3.1 Kennt Naturphänomene (Tagesablauf, Jahreszeiten, Wetter, Erdanziehung ...) und kann sie ansatzweise deuten	Natur und Naturphänomene ist ein elementares menschliches Bedürfnis. Die Gegenwart der Natur, das Spiel in ihr sind relevant für die Befriedigung der emotionalen, aber auch der kognitiven Bedürfnisse heranwachsender Menschen. Ab 6 Jahren erforschen die Kinder immer mehr Details in ihrer Lebensumgebung Die Nähe zu Pflanzen und Tieren vertiefen ihre emotionale Bindungsfähigkeit, Empathie, Fantasie, Kreativität und Lebensfreude.
6.3.2 Hat Wissen über Tiere und Pflanzen	Es gibt verschiedene Tier- und Pflanzenarten mit ganz eigenen Ansprüchen an ihre Lebensräume. Die Kinder lernen nun auch die jeweiligen Lebenszyklen von Tieren und Pflanzen kennen und bekommen die Möglichkeit, ein Verständnis dafür zu entwickeln, dass die Natur ein großes Ökosystem ist, in dem alles miteinander zusammenhängt und voneinander abhängig ist bzw. wechselseitig Einfluss hat.
6.3.3 Kennt technisch-zivilisatorische Entwicklungen in den Bereichen Mobilität, Kommunikation, Haushalt	Technische Bildung ist zivilisatorische Bildung. Somit kann technische Bildung nicht nur einen Zugang zu einer nachhaltigen Daseinsgestaltung der Menschen ermöglichen und eine Auseinandersetzung mit den positiven und negativen Entwicklungen in unserer Welt anbieten, sondern tatsächlich auch Lebenslehre sein.

6.3.4 Hat Wissen über die soziale und kulturelle Umwelt (Familie, Gemeinde, öffentliche Einrichtungen, Politik ...)	Ab dem 7. Lebensjahr differenzieren Kinder den Umgang mit anderen, indem sie mit Respekt und Rücksicht auf andere zugehen, Beziehungen zu anderen aufbauen, Schwächen und Stärken des anderen erkennen und akzeptieren, Umgangsregeln anerkennen und einhalten, eigene Kritikfähigkeit entwickeln, angemessene Konfliktlösungen finden, am gemeinsamen Entscheidungsprozess teilnehmen und Verantwortung für das eigene Handeln übernehmen. Das Ausmaß, in dem sich Kinder auf soziale Informationen verlassen, hängt auch von ihrem kulturellen Hintergrund ab.
6.4 Musisch-ästhetischer Bereich	
6.4.1 Hat Rhythmusempfinden	Insbesondere für Kinder im Grundschulalter hat das Musizieren mit Körperklängen neben anderen bewegungsorientierten Übungen und Herausforderungen eine besondere Bedeutung. Die Erfahrung zeigt, dass es ein Zeitfenster gibt, in dem Kinder besonders aufnahmebereit für Rhythmus und Gesang sind und dabei Muster bilden, die in späteren Lebensjahren schwerer zu erwerben sind. So ist bei Kindern etwa das Frontalhirn, das für Besonnenheit, Planung und Zielgerichtetheit steht, noch nicht so ausgebildet wie bei Erwachsenen, was ihnen einen unvoreingenommenen Lernzugang ermöglicht.
6.4.2 Singt gerne	Im Grundschulalter singen Kinder gerne in der Gruppe. Durch das Singen lernen sie sich selbst, aber auch die anderen Kinder besser kennen. Sie begegnen sich und kommunizieren miteinander über Sprachgrenzen, Kulturen und Generationen hinweg. Angst und Stress werden durch das Singen abgebaut. Das gemeinsame Singen macht Spaß und kann zur Rhythmisierung des Schultags und der Ganztagsbetreuung dienen.
6.4.3 Kann mit einem oder mehreren Musikinstrumenten umgehen	Viele Kinder lernen im Grundschulalter ein Musikinstrument. Dadurch fördern sie ihre Motorik, Konzentration, Kreativität bis hin zur emotionalen Intelligenz. Beim Spielen eines Instruments werden die Feinmotorik sowie die Koordination ganz besonders gefordert. Das Gehör und das Rhythmusgefühl werden entsprechend trainiert. Das Kind entfaltet sich nicht nur kreativ, auch auf die Persönlichkeitsentwicklung sowie die sozialen Kompetenzen wirkt sich das Erlernen eines Musikinstruments positiv aus. Offenheit, Eigenverantwortung, Disziplin und Ehrgeiz werden hier ebenso geschult wie Empathie und Teamfähigkeit, z.B. beim Musizieren in der Gruppe.
6.4.4 Zeichnet/malt gerne	Im Laufe des Grundschulalters entwickeln Kinder ihre Maltechnik differenziert weiter, sodass die Bilder immer genauer und detailgetreuer werden. **Auf diese Weise wird auch das räumliche Vorstellungsvermögen weiterentwickelt. Beim Zeichnen/Malen trainieren Kinder ihre** Feinmotorik und die Auge-Hand-Koordination. **Wenn Kinder malen, befinden sie sich in ihrer eigenen Welt**. Sie konzentrieren sich vollkommen auf das, was sie mit dem Bild ausdrücken möchten.

6.4.5 Hat Freude am Modellieren, Bauen, Konstruieren	Beim „Bauen und Konstruieren" im Sachunterricht oder in der Ganztagsbetreuung können Grundschüler vielen Fragen auf den Grund gehen. Sie lernen dabei, **Vermutungen aufzustellen, zu beobachten, zu überprüfen, zu vergleichen, zu messen und zu dokumentieren.** Besonders spannend wird das Thema für die Kinder, wenn ihnen im Rahmen der Experimente die **Funktionsweise von Dingen** klar wird, die ihnen täglich begegnen. Manches haben sie bisher vielleicht noch nie hinterfragt, aber plötzlich verstehen sie, warum z.B. ein Flaschenöffner das Öffnen einer Flasche erleichtert. Dadurch wird ihr Blick dafür geschärft, wie und warum etwas funktioniert. Der **Forscherdrang** der Kinder wird durch die Möglichkeit befördert, selbst Dinge wie Bauwerke oder Fahrzeuge zu konstruieren und deren Funktionsfähigkeit im Experiment zu testen. Wichtig ist dabei immer die Frage, warum etwas gut oder weniger gut funktioniert.
6.4.6 Hat Freude am szenischen Darstellen (Rollenspiel, Theater)	Rollenspiele im Grundschulalter haben den Vorteil, dass die Kinder die Möglichkeit haben, nicht direkt über ihre eigenen Probleme zu sprechen, sondern den Umweg über nachgestellte, ähnliche Situationen zu gehen. Ziel ist es, ins Gespräch über die jeweiligen Konflikte zu kommen und gemeinsam eine Lösung zu finden. Um die Gefühle auszudrücken, können die Kinder die Szenen in Rollenspielen darstellen. Dabei stellen sie oft kürzlich erlebte Situationen nach und nutzen auch Gestik und Mimik, um sich auszudrücken – ein guter Ansatzpunkt, um die Kinder auf Körpersprache und deren Bedeutung aufmerksam zu machen. Diese Erkenntnisse werden den Kindern wahrscheinlich zukünftig helfen, auch die nonverbalen Signale ihres Gegenübers besser einschätzen und darauf reagieren zu können, bevor es überhaupt zu Streit kommt. Diese Gedankenspiele fördern auch die für Konfliktfähigkeit so wichtige Empathie, da sich die Schüler:innen Gedanken über Probleme und Situationen machen, die sie vielleicht persönlich nicht betreffen, sondern andere Kinder des Klassen- oder Schulverbandes. So können sie schon im Vorfeld den geeigneten Umgang mit Problemen lernen, die eventuell noch auf sie zukommen, und entwickeln ein tieferes Verständnis dafür, wie Konflikte allgemein entstehen und gelöst werden können.

Im Feld **Besondere Interessen, Stärken und Talente** sollte das kompetenzbezogene Persönlichkeitsprofil des Kindes wertschätzend herausgestellt werden.

Im Feld **Bereiche, die besonderer Aufmerksamkeit, ggf. der Unterstützung und Förderung bedürfen,** wird ohne Stigmatisierung und unter Verzicht auf eine defizitorientierte Sicht auf das Kind all das genannt, was in Bezug auf die kindlichen Ressourcen durch diagnostische, pädagogische und/oder therapeutische Unterstützung gestärkt werden könnte.

5 Erste Beobachtung aus der Praxis: „Der Baukünstler“ (Julian, 7 Jahre)

Interessiert beobachtet Julian Insekten im Schulgelände auf der Rasenfläche, in Büschen und auf den Bäumen. Die Insekten sind überall. Zu seinem Freund Niklas, mit dem er gerne die Pause verbringt und der gerade neben ihm steht, sagt er: „Schau mal, ich sehe eine Hummel, Fliegen, Wespen und einen Marienkäfer. Die brauchen auch einen Ort, an dem sie lernen können, so wie wir eine Schule haben.“

Julian beschließt, ein Insekten-Hotel zu bauen. Sein Projekt bespricht er mit der pädagogischen Fachkraft im Hort. „Frau Paulsen, ich brauche einen großen Stein und viele verschiedene Handbohrer.“ Etwas verwirrt über die Materialauswahl unterstützt die Erzieherin das Vorhaben von Julian und holt aus dem Lager der Schule einen Ytong-Stein.

Julian hat eine sehr klare Vorstellung von seinem Hotel. Ausgestattet mit Schutzbrille und Arbeitshandschuhen legt er sofort los. Geschickt bohrt er ein Loch nach dem anderen. Er setzt seine ganze Kraft und Energie ein. In kurzer Zeit hat der Stein Ähnlichkeit mit einem „Schweizer Käse“. Sein Freund Niklas beobachtet Julian und kommentiert dessen Werk: „Wenn du noch mehr Löcher in den Stein bohrst, geht der kaputt. Da bin ich mir wirklich ganz sicher!“

Lachend, verschwitzt und sichtbar zufrieden stellt Julian sein Hotel der Gruppe im Hort vor: „Mein Insekten-Hotel ist doch wirklich sehr gut geworden. Morgen werde ich mir eine Luftmatratze aufblasen, mich drauflegen und mit meinem Fernglas die Insekten beobachten. Sie können einziehen. Aber jetzt habe ich erst einmal mega-großen Hunger und Durst.“ Die Erzieherin lobt den Baukünstler für sein großartiges Werk und sagt: „Julian, das kannst du morgen gerne tun, nachdem du deine Hausaufgaben erledigt hast.“

Name des Kindes: Julian

Geburtsdatum:

Alter zum Zeitpunkt der Beobachtung: 7 Jahre

Bearbeiter:in:

Datum:

KOMPETENZBEREICH **1. Motorik**	AKTUELLE AUSPRÄGUNG **von 5** (sehr ausgeprägt) **bis 1** (pädagogische/therapeutische/medizinische Unterstützung/Förderung empfohlen)					KOMMENTAR
	5	**4**	**3**	**2**	**1**	**Besondere Kompetenzen, Entwicklungsfortschritte etc.**
1.1 Grobmotorik						
1.1.1 Gelenkigkeit, Beweglichkeit (klettern, balancieren …)	X					Er setzt seine Kraft gezielt ein.
1.1.2 Sportlicher Krafteinsatz (Roller-/Fahrrad fahren, Ball werfen und fangen …)						
1.1.3 Risikoeinschätzung (Umgang mit Mut, Ängsten und Gefahren)	X					
1.2 Feinmotorik						
1.2.1 Auge-Hand-Koordination (Gegenstände sicher greifen)	X					
1.2.2 Umgang mit Werkzeugen und Geräten (Stift halten und damit malen, einfache Formen ausschneiden …)	X					Beherrscht die eingesetzten Werkzeuge.

Weitere Beobachtungen und Einschätzungen zu den motorischen Kompetenzen:

Julian zeigt Sicherheit und große Kompetenzen in der Feinmotorik und im Umgang mit Werkzeug.

KOMPETENZBEREICH **2. Wahrnehmung**	AKTUELLE AUSPRÄGUNG **von 5** (sehr ausgeprägt) **bis 1** (pädagogische/therapeutische/medizinische Unterstützung/Förderung empfohlen)					KOMMENTAR
	5	**4**	**3**	**2**	**1**	**Besondere Kompetenzen, Entwicklungsfortschritte etc.**
2.1 Visueller Sinn (Sehen)						
2.1.1 Ausprägung visueller Wahrnehmung	X					
2.1.2 Fähigkeit zur visuellen Differenzierung (Diskriminierung)	X					
2.1.3 Fähigkeit zur Entwicklung visueller Vorstellungen	X					Setzt seinen Plan engagiert um.

3

KOMPETENZBEREICH 2. Wahrnehmung

2.2 Auditiver Sinn (Hören)	
2.2.1 Auditive Wahrnehmung (Geräusche identifizieren, wiedergeben, Töne unterscheiden)	
2.2.2 Phonologische Bewusstheit (Laute, Silben, Reime erkennen und unterscheiden)	
2.3 Gustatorischer & olfaktorischer Sinn (Schmecken, Riechen)	
2.3.1 Hat entwickelte Geschmacksempfindungen	
2.3.2 Hat entwickelte Geruchsempfindungen	
2.4 Vestibulärer Sinn (Gleichgewichtswahrnehmung)	
Der Gleichgewichtssinn ist entwickelt	X
2.5 Kinästhetischer Sinn (Körperselbstwahrnehmung)	
Verfügt über Eigenwahrnehmung, Bewegungs- und Stellungssinn)	X
2.6. Taktiler Sinn (Fühlen)	
Verfügt über Interesse und entwickelte Praxis, Oberflächenstrukturen zu ertasten und zu fühlen	X
2.7. Orientierung im Raum	
2.7.1 Erfasst neue und/oder komplizierte Raumstrukturen und identifiziert sie mithilfe adverbialer Bestimmungen (rechts, links, vorne, hinten …)	
2.7.2 Kann Unterschiede zwischen Räumen wahrnehmen und benennen (groß, hoch, hell …)	X
2.7.3 Erkundet ohne Angst fremde Räume	
2.7.4 Findet sich in der Ordnung der Materialien zurecht, kann Ordnung halten und schaffen	
2.7.5 Findet Gegenstände wieder	

Weitere Beobachtungen und Einschätzungen zu den Wahrnehmungskompetenzen:

Julian zeigt sehr großes Interesse am Material und am Werken.

KOMPETENZBEREICH 3. Sozialkompetenz und Wertorientierung	AKTUELLE AUSPRÄGUNG von 5 (sehr ausgeprägt) bis 1 (pädagogische/therapeutische/medizinische Unterstützung/Förderung empfohlen) 5	4	3	2	1	KOMMENTAR Besondere Kompetenzen, Entwicklungsfortschritte etc.
3.1 Entwickelt und differenziert anderen gegenüber sein Vertrauen		X				
3.2 Empfindet und reguliert Nähe und Distanz je nach Person und Situation						
3.3 Ist kooperationsfähig						
3.4 Ist konfliktfähig und differenziert zwischen Durchsetzung, Kompromiss und Nachgeben						
3.5 Ist fähig zur Rücksichtnahme auf andere						
3.6 Akzeptiert Regeln und Rituale	X					
3.7 Gestaltet Regeln mit						
3.8 Sucht und findet Spielpartner/innen						
3.9 Zeigt Einfühlungsvermögen	X					Zeigt Empathie für die Insekten.
3.10 Zeigt Sinn für Gemeinschaft	X					
3.11 Zeigt Toleranz						
3.12 Hat Sinn für Gerechtigkeit						
3.13 Zeigt Zuverlässigkeit	X					
3.14 Achtet das andere Geschlecht						
3.15 Achtet andere Kulturen						
3.16 Achtet materielle Werte und das von anderen Geschaffene						

Weitere Beobachtungen und Einschätzungen zur Sozialkompetenz:

Sein selbstgewähltes Projekt hat Julian engagiert, zuverlässig aus- und durchgeführt.

KOMPETENZBEREICH **4. Selbstkompetenz**	AKTUELLE AUSPRÄGUNG **von 5** (sehr ausgeprägt) **bis 1** (pädagogische/therapeutische/medizinische Unterstützung/Förderung empfohlen)					KOMMENTAR
	5	**4**	**3**	**2**	**1**	**Besondere Kompetenzen, Entwicklungsfortschritte etc.**
4.1 Zeigt persönliche Interessen, Vorlieben und Abneigungen	X					
4.2 Zeigt und äußert persönliche Empfindungen	X					Freut sich! Ist stolz auf sein Insekten-Hotel.
4.3 Äußert persönliche Bedürfnisse und Wünsche	X					
4.4 Hat ein positives Selbstbild und Selbstwertgefühl	X					
4.5 Äußert eigene Meinung	X					
4.6 Kann eigene Meinung begründen						
4.7 Trifft eigene Entscheidungen und äußert diese	X					
4.8 Verfügt über Selbstständigkeit	X					
4.9 Verfügt über Flexibilität						
4.10 Ist in der Lage zu selbstmotiviertem Lernen	X					
4.11 Verfügt über Anstrengungsbereitschaft (Energie, Hartnäckigkeit, Ausdauer)	X					

Weitere Beobachtungen und Einschätzungen zur Selbstkompetenz:

Julian wendet seine erlernten Kompetenzen aktiv, gewissenhaft und freudig an.

KOMPETENZBEREICH **5. Methoden-kompetenz**	AKTUELLE AUSPRÄGUNG **von 5** (sehr ausgeprägt) **bis 1** (pädagogische/therapeutische/medizinische Unterstützung/Förderung empfohlen)					KOMMENTAR
	5	4	3	2	1	Besondere Kompetenzen, Entwicklungsfortschritte etc.
5.1 Verfügt über Konzentrationsfähigkeit	X					
5.2 Ist wissbegierig		X				
5.3 Besitzt Problemlösefähigkeit						
5.4 Verfügt über Experimentier- und Untersuchungslust	X					
5.5 Zeigt Gestaltungsfreude	X					
5.6 Verfügt über Eigeninitiative	X					Von der Idee zum eigenen Werk.
5.7 Hat Spielfreude und Spielideen						
5.8 Kann Impulse aufgreifen und weiterentwickeln						
5.9 Versteht Aufgaben und kann sie umsetzen						
5.10 Hat Interesse an der Entwicklung von Erklärungen und Hypothesen						

Weitere Beobachtungen und Einschätzungen zur Methodenkompetenz:

Julian hat das Insekten-Hotel mit großer Aufmerksamkeit, Energie und Ausdauer erstellt.

7

KOMPETENZBEREICH **6. Sachkompetenz**	AKTUELLE AUSPRÄGUNG **von 5** (sehr ausgeprägt) **bis 1** (pädagogische/therapeutische/medizinische Unterstützung/Förderung empfohlen)					KOMMENTAR
	5	4	3	2	1	Besondere Kompetenzen, Entwicklungsfortschritte etc.
6.1 Sprache						
6.1.1 Spricht gerne	X					
6.1.2 Verfügt über Kommunikationsfähigkeit in der Kleingruppe						
6.1.3 Verfügt über Kommunikationsfähigkeit in der Großgruppe						
6.1.4 Verfügt über einen entwickelten Wortschatz	X					
6.1.5 Verfügt über entwickelte Grammatikkenntnisse						
6.1.6 Verfügt über phonologische Bewusstheit (hört Laute heraus, gliedert Wörter in Silben)						
6.1.7 Verfügt über Kenntnisse von Symbolen, Buchstaben und Wörtern						
6.1.8 Hat Interesse am Umgang mit Büchern, Bild- und Schriftmedien						
6.1.9 Hat Interesse an gesprochenen Texten, Hörspielen etc.						
6.1.10 Verfügt über Textverständnis						
6.2 Mathematik						
6.2.1 Verfügt über die Kenntnis von Ziffern, Kardinal- und Ordinalzahlen, schreibt Zahlen						
6.2.2 Verfügt über Kenntnisse der Grundrechenarten						
6.2.3 Kann Mengen schätzen und vergleichen						
6.2.4 Rechnet sicher						
6.2.5 Wendet mathematische Operationen auf Alltagsphänomene und -situationen an						

KOMPETENZBEREICH 6. Sachkompetenz

6.3 Kenntnisse zur Lebenswelt/Weltwissen						
6.3.1 Kennt Naturphänomene (Tagesablauf, Jahreszeiten, Wetter, Erdanziehung ...) und kann sie ansatzweise deuten	X					
6.3.2 Hat Wissen über Tiere und Pflanzen		X				
6.3.3 Kennt technisch-zivilisatorische Entwicklungen in den Bereichen Mobilität, Kommunikation, Haushalt						
6.3.4 Hat Wissen über die soziale und kulturelle Umwelt (Familie, Gemeinde, öffentliche Einrichtungen, Politik ...)	X					

6.4 Musisch-ästhetischer Bereich						
6.4.1 Hat Rhythmusempfinden						
6.4.2 Singt gerne						
6.4.3 Kann mit einem oder mehreren Musikinstrumenten umgehen						
6.4.4 Zeichnet/malt gerne						
6.4.5 Hat Freude am Modellieren, Bauen, Konstruieren	X					
6.4.6 Hat Freude am szenischen Darstellen (Rollenspiel, Theater)						

Weitere Beobachtungen und Einschätzungen zur Sachkompetenz:

Julian spricht deutlich, verfügt über einen altersgerechten Wortschatz.

Ergebnisse des EKP auf einen Blick

KOMPETENZBEREICH	Bemerkung
1. Motorik	Julian zeigt Sicherheit und große Kompetenzen in der Feinmotorik und im Umgang mit Werkzeug.
2. Wahrnehmung	Er zeigt sehr großes Interesse am Material und am Werken.
3. Sozialkompetenz	Das selbstgewählte Projekt hat Julian engagiert und zuverlässig aus- und durchgeführt.
4. Selbstkompetenz	Julian wendet seine erlernten Kompetenzen aktiv, gewissenhaft und freudig an.
5. Methodenkompetenz	Julian hat das Insekten-Hotel mit großer Aufmerksamkeit, Energie und Ausdauer erstellt.
6. Sachkompetenz	Julian spricht deutlich, verfügt über einen altersgerechten Wortschatz.

Besondere Interessen, Stärken und Talente:

Julian hat großes Interesse am Werken und Konstruieren.

Er wendet seine erlernten Fähigkeiten engagiert, sicher und sehr freudig an

Bereiche, die besonderer Aufmerksamkeit, ggf. der Unterstützung und Förderung bedürfen:

Steht sein planmäßiges Vorgehen Julian vielleicht manchmal im Weg, wenn flexibles Handeln gefragt ist?

Vereinbarung(en) mit den Erziehungsberechtigten:

Datum: ....

Unterschrift pädagogische Fachkraft: Unterschrift Erziehungsberechtigte:r:

....

6 Zweite Beobachtung aus der Praxis: „Die große Puzzle-Expertin“ (Lea, 9 Jahre)

Lea besucht die Ganztagsschule. Wie jeden Nachmittag geht sie als erstes zielgerichtet zu dem Schrank mit den Puzzles. Sie nimmt sich immer die drei selben Spiele und geht zum Tisch; dann dreht Lea die Schachtel mit einem der Puzzles um und beginnt, die Teile zusammenzuführen. Sie ist bereits versiert darin und hat schnell das erste Puzzle fertig. Lea widmet sich danach dem zweiten, dem dritten und dann wieder dem ersten Puzzle. Die Puzzles, die sich Lea ausgesucht hat, sind jeweils für Kinder ab sechs Jahren mit 50 bis 60 Teilen.
Um Lea herum spielen viele Kinder zusammen und verabreden sich für später im Garten. Sie erzählen vom Schwimmbad und ihren Ausflügen mit den Eltern. Alice, ein Mädchen aus der Klasse von Lea, kommt an den Tisch und fragt sie: „Warst du auch im Schwimmbad? Ist doch großartig, wenn man auf dem Wasser liegen kann und mit der Rutschbahn ins Wasser rauscht.“ Lea schaut Alice an: „Nein, ich gehe nicht ins Schwimmbad. Ich kann nicht schwimmen.“
Nun sind alle Kinder im Garten. Sie spielen Verstecken und Fußball. Lea steht an der Schaukel, beobachtet die anderen Kinder; ihr Gesichtsausdruck und ihre Körperhaltung wirken angespannt.

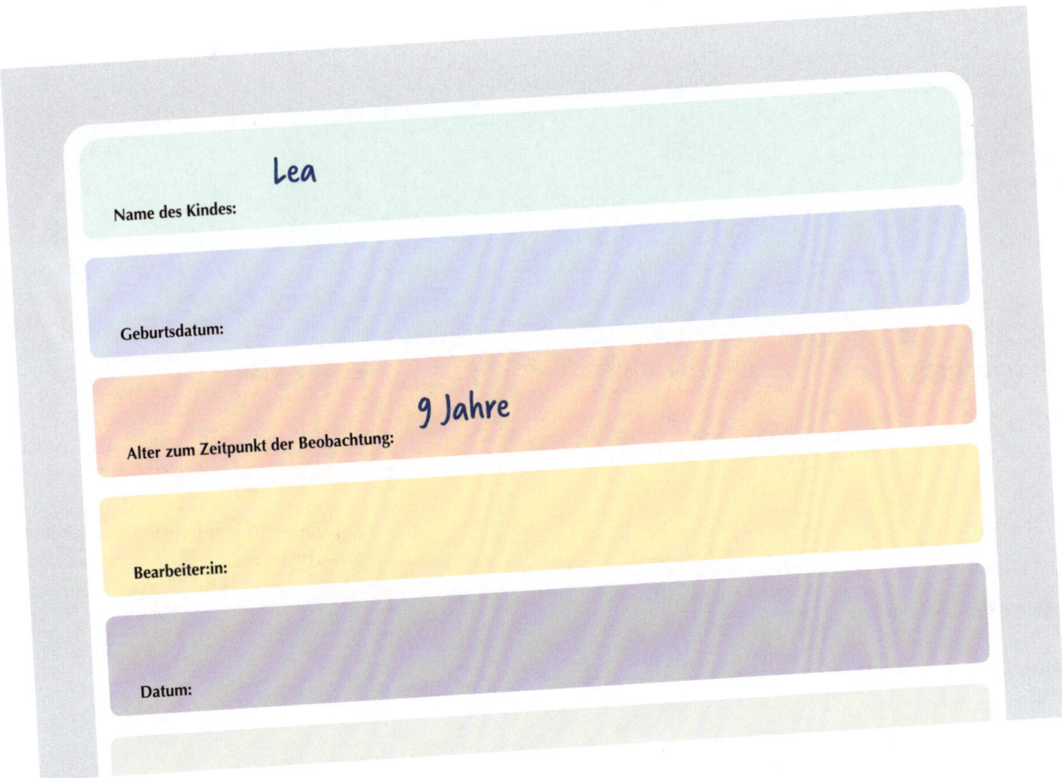
Name des Kindes: Lea
Geburtsdatum:
Alter zum Zeitpunkt der Beobachtung: 9 Jahre
Bearbeiter:in:
Datum:

KOMPETENZBEREICH **1. Motorik**	AKTUELLE AUSPRÄGUNG **von 5** (sehr ausgeprägt) **bis 1** (pädagogische/therapeutische/medizinische Unterstützung/Förderung empfohlen)					KOMMENTAR
	5	4	3	2	1	Besondere Kompetenzen, Entwicklungsfortschritte etc.
1.1 Grobmotorik						
1.1.1 Gelenkigkeit, Beweglichkeit (klettern, balancieren …)						
1.1.2 Sportlicher Krafteinsatz (Roller-/Fahrrad fahren, Ball werfen und fangen …)						
1.1.3 Risikoeinschätzung (Umgang mit Mut, Ängsten und Gefahren)						
1.2 Feinmotorik						
1.2.1 Auge-Hand-Koordination (Gegenstände sicher greifen)	X					
1.2.2 Umgang mit Werkzeugen und Geräten (Stift halten und damit malen, einfache Formen ausschneiden …)						

Weitere Beobachtungen und Einschätzungen zu den motorischen Kompetenzen:

Lea zeigt Sicherheit in der Feinmotorik.

KOMPETENZBEREICH **2. Wahrnehmung**	AKTUELLE AUSPRÄGUNG **von 5** (sehr ausgeprägt) **bis 1** (pädagogische/therapeutische/medizinische Unterstützung/Förderung empfohlen)					KOMMENTAR
	5	4	3	2	1	Besondere Kompetenzen, Entwicklungsfortschritte etc.
2.1 Visueller Sinn (Sehen)						
2.1.1 Ausprägung visueller Wahrnehmung			X			
2.1.2 Fähigkeit zur visuellen Differenzierung (Diskriminierung)						
2.1.3 Fähigkeit zur Entwicklung visueller Vorstellungen			X			

KOMPETENZBEREICH 2. Wahrnehmung

2.2 Auditiver Sinn (Hören)						
2.2.1 Auditive Wahrnehmung (Geräusche identifizieren, wiedergeben, Töne unterscheiden)						
2.2.2 Phonologische Bewusstheit (Laute, Silben, Reime erkennen und unterscheiden)						
2.3 Gustatorischer & olfaktorischer Sinn (Schmecken, Riechen)						
2.3.1 Hat entwickelte Geschmacksempfindungen						
2.3.2 Hat entwickelte Geruchsempfindungen						
2.4 Vestibulärer Sinn (Gleichgewichtswahrnehmung)						
Der Gleichgewichtssinn ist entwickelt						
2.5 Kinästhetischer Sinn (Körperselbstwahrnehmung)						
Verfügt über Eigenwahrnehmung, Bewegungs- und Stellungssinn						Sie setzt ihren Körper zum Spielen nicht ein.
2.6. Taktiler Sinn (Fühlen)						
Verfügt über Interesse und entwickelte Praxis, Oberflächenstrukturen zu ertasten und zu fühlen	X					
2.7. Orientierung im Raum						
2.7.1 Erfasst neue und/oder komplizierte Raumstrukturen und identifiziert sie mithilfe adverbialer Bestimmungen (rechts, links, vorne, hinten …)						
2.7.2 Kann Unterschiede zwischen Räumen wahrnehmen und benennen (groß, hoch, hell …)						
2.7.3 Erkundet ohne Angst fremde Räume						
2.7.4 Findet sich in der Ordnung der Materialien zurecht, kann Ordnung halten und schaffen			X			
2.7.5 Findet Gegenstände wieder						

Weitere Beobachtungen und Einschätzungen zu den Wahrnehmungskompetenzen:

Lea zeigt sehr großes Interesse an Puzzles.
Die Anzahl der Teile entspricht jedoch nicht ihrem Alter.

KOMPETENZBEREICH **3. Sozialkompetenz und Wertorientierung**	**AKTUELLE AUSPRÄGUNG** **von 5** (sehr ausgeprägt) **bis 1** (pädagogische/therapeutische/medizinische Unterstützung/Förderung empfohlen)					**KOMMENTAR**
	5	**4**	**3**	**2**	**1**	**Besondere Kompetenzen, Entwicklungsfortschritte etc.**
3.1 Entwickelt und differenziert anderen gegenüber sein Vertrauen		X				
3.2 Empfindet und reguliert Nähe und Distanz je nach Person und Situation			X			
3.3 Ist kooperationsfähig				X		Nimmt aktiv keinen Kontakt mit anderen Kindern auf.
3.4 Ist konfliktfähig und differenziert zwischen Durchsetzung, Kompromiss und Nachgeben						
3.5 Ist fähig zur Rücksichtnahme auf andere						
3.6 Akzeptiert Regeln und Rituale		X				
3.7 Gestaltet Regeln mit						
3.8 Sucht und findet Spielpartner/innen						
3.9 Zeigt Einfühlungsvermögen			X			
3.10 Zeigt Sinn für Gemeinschaft				X		Spielt alleine.
3.11 Zeigt Toleranz						
3.12 Hat Sinn für Gerechtigkeit						
3.13 Zeigt Zuverlässigkeit	X					
3.14 Achtet das andere Geschlecht						
3.15 Achtet andere Kulturen						
3.16 Achtet materielle Werte und das von anderen Geschaffene						

Weitere Beobachtungen und Einschätzungen zur Sozialkompetenz:

Lea nimmt aktiv keinen Kontakt zu anderen Kindern auf.
Sie beobachtet intensiv.

5

KOMPETENZBEREICH # 4. Selbstkompetenz	AKTUELLE AUSPRÄGUNG **von 5** (sehr ausgeprägt) **bis 1** (pädagogische/therapeutische/medizinische Unterstützung/Förderung empfohlen)					KOMMENTAR
	5	4	3	2	1	Besondere Kompetenzen, Entwicklungsfortschritte etc.
4.1 Zeigt persönliche Interessen, Vorlieben und Abneigungen	X					
4.2 Zeigt und äußert persönliche Empfindungen				X		Spricht nicht über Empfindungen.
4.3 Äußert persönliche Bedürfnisse und Wünsche				X		Äußert keine persönlichen Bedürfnisse und Wünsche.
4.4 Hat ein positives Selbstbild und Selbstwertgefühl						
4.5 Äußert eigene Meinung				X		
4.6 Kann eigene Meinung begründen						
4.7 Trifft eigene Entscheidungen und äußert diese			X			
4.8 Verfügt über Selbstständigkeit	X					
4.9 Verfügt über Flexibilität			X			
4.10 Ist in der Lage zu selbstmotiviertem Lernen				X		Spielt immer dasselbe.
4.11 Verfügt über Anstrengungsbereitschaft (Energie, Hartnäckigkeit, Ausdauer)			X			

Weitere Beobachtungen und Einschätzungen zur Selbstkompetenz:

Lea zeigt ihre Vorliebe für Puzzles. Ihre persönlichen Empfindungen, Bedürfnisse und Wünsche äußert Lea nicht.

KOMPETENZBEREICH **5. Methoden-kompetenz**	**AKTUELLE AUSPRÄGUNG** **von 5** (sehr ausgeprägt) **bis 1** (pädagogische/therapeutische/medizinische Unterstützung/Förderung empfohlen)					**KOMMENTAR**
	5	**4**	**3**	**2**	**1**	**Besondere Kompetenzen, Entwicklungs-fortschritte etc.**
5.1 Verfügt über Konzentrations-fähigkeit			X			Die ausgesuchten Puzzles entsprechen nicht ihrem Alter.
5.2 Ist wissbegierig					X	Sie spielt immer dasselbe.
5.3 Besitzt Problemlösefähigkeit						
5.4 Verfügt über Experimentier- und Untersuchungslust				X		
5.5 Zeigt Gestaltungsfreude				X		
5.6 Verfügt über Eigeninitiative				X		
5.7 Hat Spielfreude und Spielideen				X		
5.8 Kann Impulse aufgreifen und weiterentwickeln						
5.9 Versteht Aufgaben und kann sie umsetzen			X			
5.10 Hat Interesse an der Entwicklung von Erklärungen und Hypothesen				X		

Weitere Beobachtungen und Einschätzungen zur Methodenkompetenz:

Lea spielt immer dasselbe und zeigt keine Initiative zu neuen Spielideen.

7

KOMPETENZBEREICH **6. Sachkompetenz**	AKTUELLE AUSPRÄGUNG **von 5** (sehr ausgeprägt) **bis 1** (pädagogische/therapeutische/medizinische Unterstützung/Förderung empfohlen)					KOMMENTAR
	5	**4**	**3**	**2**	**1**	**Besondere Kompetenzen, Entwicklungsfortschritte etc.**
6.1 Sprache						
6.1.1 Spricht gerne			X			Spricht nur, wenn sie direkt angesprochen wird.
6.1.2 Verfügt über Kommunikationsfähigkeit in der Kleingruppe						
6.1.3 Verfügt über Kommunikationsfähigkeit in der Großgruppe						
6.1.4 Verfügt über einen entwickelten Wortschatz			X			
6.1.5 Verfügt über entwickelte Grammatikkenntnisse						
6.1.6 Verfügt über phonologische Bewusstheit (hört Laute heraus, gliedert Wörter in Silben)						
6.1.7 Verfügt über Kenntnisse von Symbolen, Buchstaben und Wörtern						
6.1.8 Hat Interesse am Umgang mit Büchern, Bild- und Schriftmedien				X		
6.1.9 Hat Interesse an gesprochenen Texten, Hörspielen etc.				X		
6.1.10 Verfügt über Textverständnis						
6.2 Mathematik						
6.2.1 Verfügt über die Kenntnis von Ziffern, Kardinal- und Ordinalzahlen, schreibt Zahlen						
6.2.2 Verfügt über Kenntnisse der Grundrechenarten						
6.2.3 Kann Mengen schätzen und vergleichen						
6.2.4 Rechnet sicher						
6.2.5 Wendet mathematische Operationen auf Alltagsphänomene und -situationen an						

KOMPETENZBEREICH 6. Sachkompetenz

6.3 Kenntnisse zur Lebenswelt/Weltwissen						
6.3.1 Kennt Naturphänomene (Tagesablauf, Jahreszeiten, Wetter, Erdanziehung …) und kann sie ansatzweise deuten						
6.3.2 Hat Wissen über Tiere und Pflanzen						
6.3.3 Kennt technisch-zivilisatorische Entwicklungen in den Bereichen Mobilität, Kommunikation, Haushalt						
6.3.4 Hat Wissen über die soziale und kulturelle Umwelt (Familie, Gemeinde, öffentliche Einrichtungen, Politik …)						
6.4 Musisch-ästhetischer Bereich						
6.4.1 Hat Rhythmusempfinden						
6.4.2 Singt gerne						
6.4.3 Kann mit einem oder mehreren Musikinstrumenten umgehen						
6.4.4 Zeichnet/malt gerne						
6.4.5 Hat Freude am Modellieren, Bauen, Konstruieren						
6.4.6 Hat Freude am szenischen Darstellen (Rollenspiel, Theater)						

Weitere Beobachtungen und Einschätzungen zur Sachkompetenz:

Lea spricht nur, wenn sie direkt angesprochen wird. In Klein- und Großgruppen ist sie verbal sehr zurückhaltend.

Ergebnisse des EKP auf einen Blick

KOMPETENZBEREICH	Bemerkung
1. Motorik	Lea zeigt Sicherheit in der Feinmotorik.
2. Wahrnehmung	Lea zeigt sehr großes Interesse an Puzzles. Die Anzahl der Teile entspricht jedoch nicht ihrem Alter.
3. Sozialkompetenz	Lea nimmt aktiv keinen Kontakt mit anderen Kindern auf. Sie beobachtet intensiv.
4. Selbstkompetenz	Lea zeigt ihre Vorliebe für Puzzles. Ihre persönlichen Empfindungen, Bedürfnisse und Wünsche äußert Lea nicht.
5. Methodenkompetenz	Sie spielt immer dasselbe und zeigt keine Initiative zu neuen Spielideen.
6. Sachkompetenz	Lea spricht nur, wenn sie direkt angesprochen wird. In Klein- und Großgruppen ist sie verbal sehr zurückhaltend.

Besondere Interessen, Stärken und Talente:

Lea interessiert sich für einfache Puzzles. Dabei zeigt sie große Ausdauer.
Sie beobachtet intensiv die anderen Kinder.

Bereiche, die besonderer Aufmerksamkeit, ggf. der Unterstützung und Förderung bedürfen:

Sind die Spiel- und Materialangebote für Lea ausreichend?
Fühlt sich das Mädchen verstanden?
Braucht es Impulse für das Spiel mit anderen Kindern?

Vereinbarung(en) mit den Erziehungsberechtigten:

Entwicklungsdiagnostik – die Entwicklungsbereiche (Sprache und Entwicklungsstand) sollten überprüft werden.

Datum: ....

Unterschrift pädagogische Fachkraft: Unterschrift Erziehungsberechtigte:r:

....

11

Literatur

Andres, Beate (2002): Beobachtung und fachlicher Diskurs. In: H.-J. Laewen & B. Andres (Hrsg.): Forscher, Künstler, Konstrukteure. Werkstattbuch zum Bildungsauftrag von Kindertageseinrichtungen. Neuwied: Luchterhand.

Berger, Lasse & Berger, Marianne (2007): Portfolio in Vorschule und Schule. Bremen: Berger.

Carr, Margret (1998): Assessing Children`s Learning in Early Childhood Settings. Wellington.

Deutsche Gesellschaft für Lesen und Schreiben (2001): PISA 2000: Befunde, Deutungen, Folgerungen. https://dgls.de/archiv/pisa-2000-befunde-deutungen-folgerungen (08.09.2022).

Erikson, Erik H. (1995): Der vollständige Lebenslauf. 3. Aufl. Frankfurt a. M.: Suhrkamp.

Gallas, Helga (Hrsg.) (1972): Strukturalismus als interpretatives Verfahren. Darmstadt und Neuwied: Luchterhand.

Knauf, Helen (2020): Wie wird Bildungsdokumentation im Kita-Alltag umgesetzt? Kita aktuell NRW 4/2020, 111–113.

Knauf, Tassilo (2005a): Beobachtung und Dokumentation: Stärken statt Defizitorientierung. Kita aktuell NRW 5/2005, 100–105.

Knauf, Tassilo (2005b): Stärken- statt Defizitorientierung. In: Bertelsmann Stiftung (Hrsg.): Guck mal! Bildungsprozesse des Kindes beobachten und dokumentieren. Gütersloh, S. 95–115.

Knauf, Tassilo (2016): Dokumentation. In: S. Lingenauber ((Hrsg.): Handlexikon der Reggio-Pädagogik. 6., überarb. Aufl. Bochum: Projektverlag.

Krieg, Elsbeth (Hrsg.) (2004): Beobachten - Interpretieren – Handeln. Münster: Comenius-Institut.

Krok, Göran & Lindewald, Maria (2007): Portfolios im Kindergarten. Das schwedische Modell. Mülheim an der Ruhr: Verlag an der Ruhr.

Laevers, Ferre u. a. (1999): Beobachtung und Begleitung von Kindern. Erkelenz: Fachschule für Sozialpädagogik.

Landwehr, Norbert (1996): Schlüsselqualifikationen als transformative Fähigkeiten. In: Ph. Gonon (Hrsg.): Schlüsselqualifikationen kontrovers: eine Bilanz aus kontroverser Sicht. Aarau: Sauerländer.

Leu, Hans Rudolf (2002): Zum Bildungsauftrag von Kindertagesstätten. Bildungs- und Lerngeschichten von Kindern. DJI-Bulletin Winter 2002, 8–12.

Leu, Hans Rudolf u. a. (2010): Bildungs- und Lerngeschichten. Bildungsprozesse in früher Kindheit beobachten, dokumentieren und unterstützen. 3. Aufl. Weimar, Berlin: verlag das netz.

Ministerium für Bildung, Jugend und Sport des Landes Brandenburg (Hrsg.) (2008): Gemeinsamer Orientierungsrahmen für die Bildung in Kindertagesbetreuung und Grundschule. Weimar, Berlin: verlag das netz.

Mischo, Christoph u. a. (2011): Kindliche Entwicklung im Kontext erfassen. Verfahren zu Beobachtung und Diagnose für die pädagogische Praxis. Kronach: Carl Link.

Müller, Andreas (2005): Erlebnisse durch Ergebnisse. Das Lernportfolio als multifunktionales Werkzeug im Unterricht. Grundschule 6/2005, 9–18.

Murphy-Witt, Monika & Stamer-Brand, Petra: Was Kinder für die Zukunft brauchen: die 8 Schlüsselqualifikationen. München: Gräfe und Unzer.

Paprotta, Ingo (1999): Selektive Wahrnehmung und Handlungssteuerung. Aachen: Shaker.

Petermann, Ulrike; Petermann, Franz & Koglin, Ute (2017): Entwicklungsbeobachtung und -dokumentation EBD 3–48 Monate: eine Arbeitshilfe für pädagogische Fachkräfte in Krippen und Kindergärten. Berlin: Cornelsen.

Schäfer, Gerd E. (2004): Beobachten und Dokumentieren. Kita aktuell NRW 7-8/2004, 148–152.

Schäfer, Gerd E. & Alemzadeh, Marjan (2012): Wahrnehmendes Beobachten: Beobachtung und Dokumentation am Beispiel der Lernwerkstatt Natur. Weimar: verlag das netz.

Schlaaf-Kirschner, Kornelia & Fege-Scholz, Uta (2017): Auf einen Blick! – Der Beobachtungsbogen Sprachentwicklung von 1–6 Jahren. Mülheim an der Ruhr: Verlag an der Ruhr.

Schneider, Kornelia (2005): Frühe Bildung und Bildungsdokumentation: Voneinander lernen – internationale Erfahrungen und Ansätze in Deutschland. In: Bertelsmann Stiftung (Hrsg.): Guck mal! Bildungsprozesse des Kindes beobachten und dokumentieren. Gütersloh, S. 50–65.

Spitzer, Manfred u. a. (2018): Wie kleine Kinder lernen – von 3–6 Jahren. München: mvg.

Tietze, Wolfgang (1999): Wie kann pädagogische Qualität in Kindertagesstätten gesichert und entwickelt werden? In: Bremische Kirche, Landesverband Ev. Tageseinrichtungen für Kinder (Hrsg.): Qualität für Kinder – Zwischen Markt und Möglichkeit. Seelze-Velber: Kallmeyer, S. 153–167.

Viernickel, Susanne & Völkel, Petra (2022): Beobachten und dokumentieren im pädagogischen Alltag. 5. Aufl. Freiburg: Herder.

Ziesche, Ulrike (2008): Frühe Bildung beobachten und dokumentieren: Leitfaden zur Einführung der Bildungs- und Lerngeschichten in Kindertageseinrichtungen. Gütersloh: Bertelsmann-Stiftung.

MIX
Papier | Fördert gute Waldnutzung
FSC® C081866

www.herder.de
Umschlagkonzeption und -gestaltung: Verlag Herder
Satz: Arnold & Domnick, Leipzig
Herstellung: RCDruck GmbH & Co. KG, Albstadt-Tailfingen
Printed in Germany

ISBN (Print) 978-3-451-39429-4
ISBN EBook (PDF) 978-3-451-82936-9
ISBN EBook (ePub) 978-3-451-82937-6